A HÖLGY

Eredeti cím: *The lady*

A hölgy

ISBN: 978-1-63493-533-3
Access Consciousness Publishing

Angol nyelvről fordította: Békési Veronika

A HÖLGY

Örök nyertesként létezni

GARY M. DOUGLAS

TARTALOMJEGYZÉK

A HÖLGY

Örök nyertesként létezni

GARY M. DOUGLAS

TARTALOMJEGYZÉK

MI AZ, HOGY HÖLGY?

Néhányan tiszteletlennek, lenézőnek vagy sértőnek találják, amikor egy felnőtt nőre hölgyként utalunk. Számukra a „hölgy" kifejezés olyasvalakit jelöl, aki nem különösebben intelligens, nincs sok ereje vagy jelenléte a világban. A hölgyeket olyan teremtésekként látják, akik jelentéktelenek, lényegtelenek és erőtlenek.

Azonban történelmünk során a hölgy olyan nemesasszonyokra utalt, akiknek határozott személyiségük volt. A hölgy olyasvalaki volt, aki birtokkal rendelkezett, irányította a családot, akinek volt ereje és hatalma mások felett.

A „hölgyek" olyan nők voltak, akik előkelő társadalmi ranggal és tekintéllyel rendelkeztek. Elegánsak, méltóságteljesek, illemtudóak voltak, érdemesek a tiszteletre és a hűségre. Régen úgy volt, hogy minden hölgy nő volt, de nem minden nő volt hölgy.

Az idős hölgyek teljesen másképp léteztek a világban. Mindig tudták magukról, hogy kik ők, és hogy ők irányítanak, de azt is tudták, hogyan fogadjanak be, és nem érezték úgy, hogy kasztrálniuk kell a férfiakat, vagy bizonyítaniuk kellene, hogy egyenlőek a férfiakkal, vagy éppen jobbak náluk.

Lássuk ezeket a definíciókat Noah Webster 1818-as szótárából, hogy egy másfajta módját is megmutassuk annak, ahogyan szemlélhetjük, mit jelenthet hölgynek lenni:

- Egy nő, akinek van tulajdonjoga vagy hatásköre, különösképpen magasabb rangú nemesként.
- Egy nő, aki fogadja egy lovag vagy szerető odaadását és hódolatát.

- Szűz Mária.
- Magasabb társadalmi rangú nő.
- Finom modorú és előkelő viselkedésű nő.
- Egy nőszemély, akire gyakran úgy utalnak: „kísérje a hölgyet a helyére".
- Feleség vagy úrnő. (Úrnő ebben az értelemben az a nő, aki irányít. Ő a család nőnemű vezetője.)
- Bármilyen ranggal rendelkező nő Nagy-Britanniában. A hölgy megnevezést szokás használni a márkinék, grófnék, vikomtesszek, baronesszek megszólítására, vagy a lovagok feleségének, baronetek, főnemesség tagjainak, vagy az angol főrangúak gyermekeinek megnevezésére. Hercegek, márkik vagy grófok lányainak megnevezésére is szolgál. A hölgy az a nő, aki valamilyen lovagrend tagja.

Hölgynek lenni arról szól, hogy azt választod, hogy minden leszel, ami vagy. Tudod, hogy ki vagy, és hálás vagy ezért. Az vagy, aki vagy, nem definiál mindaz, amit más emberek arról gondolnak, hogy kinek kellene lenned. Nincs olyan nézőpontod, hogy olyannak kell lenned, mint bárki más.

A hölgy

Nemrég tartottam egy kilenc részes hívássorozatot *A hölgy* címmel, ahol a résztvevőkkel mélységében beszélgettünk arról, hogy mit jelent hölgynek lenni. A tanfolyam közben arra kértem a résztvevőket, hogy nézzenek meg több mozifilmet, amelyek az 1930-as és 1940-es években készültek, és csodálatos beszélgetéseink voltak a női és a férfi karakterekről, az egymáshoz fűződő kapcsolataikról, és arról, ahogyan ők léteztek a világban. Ezek közül a női szereplők közül sokan hölgyek voltak, és nagyon tanulságos volt látni, hogyan működtek a világban – és mennyire mások voltak, mint a legtöbb mostani nő.

A filmek megtekintése mögött az az elképzelés húzódott, hogy lássuk, mennyit változott a világ abban a tekintetben, ahogyan a hölgyeket szemléljük. Az 1930-as és 1940-es években például a hölgyet értékes terméknek tekintették. Ez az ezt követő évtizedekben megváltozott. Az 1950-es években a szex lett az értékes árucikk. A hatvanas években az a nő volt az értékes árucikk, akinek nem kellettek a férfiak. A hetvenes években az a nő volt az értékes árucikk, aki ki tudott használni egy férfit. A nyolcvanas években az a nő volt értékes, aki egyetlen férfit sem tekintett értékes árucikknek. A kilencvenes években a nőnek egyáltalán nem volt szüksége férfira, a férfinak volt szükségre nőre. A kétezres években pedig csak a furaság van.

Nem arról van szó, hogy melyik a jobb vagy a rosszabb. Arról van szó, hogy a dolgok hogyan változtak meg. Azt javaslom, hogy nézd meg az alábbi filmeket, és miközben nézed őket, vedd fontolóra a következő kérdéseket:

- Mi az, ami más itt?
- Mi változott itt meg?
- Mi lehetséges itt?

Ez történt egy éjszaka

Az első film, amit megnéztünk, egy zseniális mozi, a címe: *Ez történt egy éjszaka;* Claudette Colbert és Clark Gable főszereplésével. Amikor a film készült, a producerek azt gondolták, hogy egy olyan alacsony költségvetésű filmet csinálnak, ami nem lesz nyereséges, de végül idejének egyik legnépszerűbb filmjévé nőtte ki magát.

Számomra az egyik legnagyszerűbb dolog a filmben az, hogy a hősnő, a Claudette Colbert által játszott Ellie Andrews hajlandó elmenekülni a házasságából, mert tudja, hogy nem megfelelő számára. Látja azt, ami van, és az alapján hozza a választásokat, amit lát. Egy hölgy mindig otthagyja azt, ami nem működik, és olyan dolgok felé fordul, amik működnek. Ő olyasvalaki, aki látja azt, hogy mi van, és a választásait az alapján hozza meg, amit lát. Nemet mond, ha nem akar valamit megtenni. Igent mond arra, ami működik neki.

Peter Warne, a Clark Gable által megformált karakter olyan nőt akar, aki csatlakozik hozzá az élet kalandjában. Ellie ezt szeretné tenni. Szeretné a nőt boldoggá tenni, a nő pedig hajlandó ezt felismerni. Léteznek ilyen férfiak, de sok nő észre sem veszi a férfit, aki boldoggá szeretné tenni, mert nem egyezik az elképzelésével arról, hogy mit kaphat meg, vagy mit szeretne.

Egy hölgy lehetőségre inspirál

Az egyik résztvevő ezt mondta: „Ellie inspiráció volt Peter számára csupán azzal, amiként létezett. Sosem próbált meg nem önmaga lenni."

Ez pontosan így van. Egy hölgy mindig lehetőségre inspirál... pusztán azzal, hogy ő az, aki. Ellie látja azt, ami van, és az alapján hoz választást, amit lát.

Egy hölgynek soha nem kell semmit bizonyítania

Egy másik résztvevő egy bizonyos jelenetet emelt ki: „Van egy pillanat a film elején, amikor Ellie egy buszon ül. Egy férfi ül mellette, aki elmondja neki, mit szeretne vele tenni. Nagyon furcsa, amit mond, de Ellie csak ül, és nem válaszol. Az én reakcióm az volt: »Te jó ég, hogy tud ott ülni, és nem mondani semmit?« Amikor Peter átmegy hozzá és megemlíti neki a férfit, Ellie megrántja a vállát, és valami ilyesmit mond: »Ez a pasi tömény unalom!« Az én reakcióm erre: »Azta! Micsoda válasz!« Szerintem Ellie fel sem hozta volna a pasit, ha Peter nem említi."

Amikor egy hölgy felismeri, hogy valaki untatja, egyszerűen ül és bólogat. Nem kell tennie semmit. Soha nem mondja, hogy „Untatsz" – egyszerűen csak nem kapcsolódik az unalmas emberekhez.

Vannak néha ehhez hasonló helyzetek, amikor a nők veszekedni akarnak. Be akarják bizonyítani a pasinak, hogy bunkó. Ám egy hölgynek soha nem kell semmit bizonyítani. Egyszerűen tudja, amit tud. Mi lenne, ha egyszerűen tudnád, hogy valaki unalmas, és annyit mondanál magadnak: „Nahát, ez a személy tényleg unalmas" – és ennyi lenne az egész? Mi lenne, ha nem kellene velük kapcsolatba kerülni?

Egy másik megfigyelés szerint: „Igen, de az a fickó a buszon nem csak unalmas volt. Totális seggfej volt. Goromba volt. Szándékosan kellemetlen helyzetbe akart hozni. Én azt mondtam volna: »Hé! Ezt fejezd be! Seggfej vagy!«"

De miért ne lehetne kedves egy hölgy, amikor valaki seggfejként viselkedik? Egy hölgynek nem kell kimondania, amit tud. Egyszerűen csak éber rá. Az egyik dolog, amit mindannyiunknak meg kell tanulni, hogy a megfelelő pillanatban befogjuk a szánkat, és feltegyük a kérdést: „Ha most kinyitom a számat, az valami mást fog létrehozni?" Többnyire az, ha megszólalunk, nem változtat a helyzeten. Lehet, hogy tapasztaltad már, hogy milyen az, amikor elmondod valakinek, hogy ő most seggfej. Ettől megváltozott az illető? Kevésbé lett seggfej? Vagy még visszataszítóbb lett, hogy próbálja bizonygatni az igazát?

Meg kell sértened az embereket ahhoz, hogy irányítani tudj? Vagy van más megoldás? Mi lenne, ha úgy tennél, mintha elmennél lefeküdni, amikor egy helyzetben valaki seggfejként viselkedik? A másik ember talán rájön, hogy ő most egy seggfej. Amikor „felébredsz", már megváltozott. Vagy mondhatod azt: „Köszi, hogy ezt megosztottad velem. Most el kell mennem lefeküdni. Nagyon fáradt vagyok" – ami egy udvarias módja annak, hogy közöld: „Halálra untatsz."

Felmerült egy másik nézőpont is azzal kapcsolatban, hogy Ellie nem állt ki magáért: „Ha én nem álltam volna ki magamért, akkor erre úgy tekintettem volna, hogy nem vagyok kedves magammal." Egy hölgynek viszont nem kell kiállnia magáért, mert tudja, hogy az, ami egy seggfej száján kijön, nem más, mint ennek a valóságnak a fingjai. Mi lenne, ha egyszerűen hajlandó lennél jelen lenni azzal, ami történik?

Egy nőnek azért kell harcolnia, hogy *bizonyítsa,* hogy erős. Egy *hölgy* tudja, hogy ő erős, és nincs miért harcolnia.

Egy hölgy hajlandó kimondani azt, ami számára igaz

Volt valaki a tanfolyamon, aki egy másik dolog miatt aggódott: „A film végén Ellie kimutatja Peternek, hogy szereti. Azt mondja: »Nem tudnám folytatni nélküled.« Nekem mindig az volt a nézőpontom, hogy ha én azt mondanám valakinek, hogy »Nem tudok élni nélküled«, az a férfi biztosan megfutamodna."

Azt feleltem: „Ez azért van, mert olyan férfiakat választasz, akik megfutamod*nának,* de vannak kedves, csodálatos férfiak, akik hisznek abban, hogy lehetünk gondoskodók és szeretetteljesek. Egy hölgy mindig tudja, hogy ki fogja az életét jobbá tenni, és hajlandó megfogalmazni azt, hogy mi igaz számára. Nem kell visszatartania az érzéseit egy férfi miatt. El kell ismerni a férfit az életedben, és kifejezni a szeretetedet és a nagyrabecsülésedet felé."

Egy hölgy indokolt esetben mindig elnézést kér. Egy barátom mesélte, hogy a férje folyton nagyszerű dolgokat tett meg érte, mégsem látta hozzájárulásnak az életéhez. Azt mondta: „Kihasználtam a kedvességét. Hogyan kérhetnék bocsánatot azért, mert ilyen követelőző voltam?"

Azt javasoltam: „Kezdd azzal, hogy elismered. Öleld át, és mondd neki: »Annyira hálás vagyok, hogy vagy nekem. Te vagy a legnagyszerűbb ajándék, amit életemben kaptam. Annyira szerencsés vagyok, hogy egy ilyen férfi van az életemben.« Ezt naponta meg kell tenned." Ha folyamatosan hálás lennél a partneredért, és kifejeznéd a hiládat, jobban szeretne, vagy kevésbé?

Az elismerést arra is használhatod, hogy bátoríts egy férfit, aki érdeklődik irántad. Mondd neki: „Olyan érdekes vagy. Szeretnék veled több időt tölteni."

De ne mondd egy férfinak, aki állandóan magáról beszél, hogy: „Hűha, annyira érdekes vagy." Ha ezt csinálja, akkor biztos, hogy nem érdekes, te pedig nem akarsz unalmas embereket az életedbe. Olyan férfit akarsz, akit érdekelsz, és aki kérdéseket tesz fel neked. Vannak nők, akik úgy tesznek, mintha a férfiak hihetetlenül unalmasak volnának. Sajnos könnyű belátni, hogy miért: a legtöbb férfi azért unalmas, mert örökösen magáról beszél, és soha nem tesz fel kérdést. Ha minden körülötte forog, vedd észre, hogy nem ő az az ember, akivel az életedet le akarod élni.

Egy hölgy lehet harcias?

Az egyik résztvevő rámutatott arra, hogy a megnézett filmekben a hölgyek harciasak voltak. „Sok filmben a hölgyeknek van egy féktelen harcias tulajdonsága, és úgy tűnik, hogy a férfi, akivel vannak, tiszteli őket. Én ezt nem mondhatom el magamról."

Azt feleltem: „Te vagy az egyik legharciasabb ember, akit ismerek! Folyamatosan próbálsz úgy tenni, mintha nem lennél harcias, de ez csak áltatás. Amikor harcias vagy, miért nem vallod be egyszerűen – »Most harcias vagyok«? Nevess, és tegyél fel egy kérdést: »Most harcias vagyok?« vagy »Ez durva volt?« Mindig menj kérdésbe. A kérdés mindent átváltoztat egy olyan hellyé, ahol több lehetőség van."

A harcias nagyszerű szó. A definíciójában benne van, hogy talpraesett, merész, élénk, energikus, életerős, bátor – és egy hölgy mindez lehet egyszerre. Melyik férfinek kell a könnyű préda? Lehetsz *harcias* és lehetsz *szexi*. Megjelenítheted ezt a két tulajdonságot szinte bármilyen helyzetben, akár más nőkkel is. Amikor hajlandó vagy nőkkel flörtölni, elbizonytalanodnak, mert nem értik, hogy miért flörtölsz velük. Azon tűnődnek: „Csináltam valamit, amiből arra következtet, hogy leszbikus vagyok?"

De azon felül, hogy harciasak, a filmbeli hölgyek érzelmileg sebezhetőek. Nem próbálják elrejteni, amit éreznek. Hagyják, hogy a dolgok úgy legyenek, ahogy vannak. Ez egy kulcsfontosságú pont. A hölgyek nem próbálják erőltetni, hogy egy bizonyos módon alakuljanak a dolgok. Ez csapda. Ha próbálsz valamit „jól" csinálni, semmi örömed nem lesz benne. Ha megpróbálod jól csinálni, nem tehetsz mást, meg kell ítélned azt, ami történik. Nem választhatod azt, amit igazán szeretnél. A harcias hölgyek valójában nagyon bulisak. Jól érzik magukat, mert nem küzdenek az ellen, ami épp történik. Megengedik, hogy úgy legyenek a dolgok, ahogy vannak.

Válaszd, hogy az leszel, aki vagy

Sokan gondolják, hogy a harcias, vagy erős személyiségekkel nehéz bánni. Néhányan azt hiszik, hogy egy nőnek nem szabadna intenzívnek, erősnek vagy követelőzőnek lenni. Szerintem az intenzitás nagyszerű dolog. Kell, hogy legyen ilyen tulajdonsága egy hölgynek, ha azt választja, hogy él vele. Egy hölgynek mindig minden választás rendelkezésére áll, és az intenzitás is egy ilyen választás. Az élet valódi intenzitása a választás, és egy hölgy mindig tisztában van azzal, hogy ez rendelkezésére áll.

Egy erős hölgy mindig tudja, amit tud. Nem hajlandó magát lekicsinyíteni azért, hogy valaki más kényelmesen érezze magát. Ezt az intenzitást úgy nevezik, hogy hajlandó vagy *önmagadként létezni*. Nem vagy hajlandó összehúzni magad, hogy be tudj illeszkedni. Lehetsz valamivel kapcsolatban intenzív, de nem kell erőltetned, erőszakoskodnod vagy dühösnek lenned. Mindig van választásod elismerni ezt az intenzitást.

Fogadd be a saját intenzitásodat

Az egyik tanfolyami résztvevő a többi ember intenzitásának befogadásáról kérdezett: „Számomra olyan, mintha tűzben égnék, amikor valakitől intenzitást fogadok be. Nem vagyok hajlandó befogadni az intenzív embereket. Van valami módja annak, hogy könnyebbé tegyem az intenzitás befogadását?"

Azt mondtam neki: „Azt mondod, hogy nem vagy hajlandó befogadni az intenzív embereket, de a probléma az, hogy saját magadat nem vagy hajlandó befogadni. Te magad valójában nagyon intenzív vagy, de nem vagy hajlandó látni azokat a helyeket, ahol úgy tudnál intenzív lenni, hogy az többet teremtsen neked. Azt hiszed, hogy senki nem fog befogadni, ha intenzív vagy, miközben csak egyetlen ember képes befogadni téged – és ez te vagy. Ha nem fogadod be magadat, hogyan várhatnád el bárkitől, hogy ezt tegye?"

Hajlandó vagy befogadni a saját intenzitásodat? Ha nem, egyetlen dolgot kell csak megváltoztatni ahhoz, hogy ez megváltozzon: válaszd azt, hogy az leszel, aki vagy. Köteleződj el magadhoz és az életedhez. Annyit kell csak tenned, hogy azt mondod: „Befogadom azt, ami vagyok, bárhogyan is nézzen ez ki." Hajlandónak kell lenned annak lenni, ami vagy, az örökkévalóságig, függetlenül attól, hogy ez másoknak tetszik-e.

Amikor visszautasítod önmagad intenzitását, akkor csak azt tudod befogadni, amiről eldöntötted, hogy hajlandó vagy befogadni – ami mindig sokkal kevesebb, mint ami lehetsz. Nem akarsz ilyen intenzív lenni, nem akarsz annyira nagyszerű lenni. Amint elköteleződsz ahhoz, hogy teljes mértékben befogadod a saját intenzitásodat, nem lesz megállás. Addig is félénknek fogsz tűnni.

Mi az, amit nem akarsz látni magaddal kapcsolatban, amit ha látnál, megadna mindent, amire vágysz egész életedre?

„Ne szórakozz velem!"

Nem félhetünk a saját intenzitásunktól. Hadd mondjak egy példát: A barátommal és üzlettársammal, Dr. Dain Heerrel vettünk egy kastélyt Olaszországban, és most újítjuk fel. Amikor elmentem a kastélyba, hogy lássam, hogyan áll a felújítás, az összes padló fel volt szedve. Én nem szerettem volna, hogy a munkások felszedjék. A vezetőjük azt mondta, hogy túlságosan vizes a kastély, és a kőpadló felszedése volt az egyetlen módja annak, hogy minden kiszáradjon. Azzal próbálta bebizonyítani nekem, hogy a padló beszívja a vizet, hogy minden este több vödör vizet öntött rá. De ez nem bizonyította az ő igazát, mert reggelre kiszáradt a padló. Ennek ellenére felszedte. Azt is eldöntötte, hogy a tetőt lebontja, és egy új szerkezeti elemet rak bele. Ezt sem szerettem volna.

Milyen hátsó szándék vezette? Olyan munkákat végzett el, amire semmi szükség nem volt, mert több pénzt akart. Minden hezitálás nélkül nagyon erőteljesen beszéltem vele: „Tisztázzunk valamit. Utálom azt, amit a tetővel csinált. Semmi mást ne csináljon vele!"

Azt mondta: „De a régi tető le fog omlani".

Azt válaszoltam. „Rendben van. Ha leomlik, leomlik. 200 éve van ott, és még nem omlott le. Ne szórakozzon velem. Azt csinálja, amit én mondtam – különben maga fizet nekem." Nem kellett hangosan mondanom. Elég volt határozottan mondanom. Nem voltam hangos, csak intenzív.

Mit teremthetnél, ha hajlandó lennél befogadni az intenzitást, ami vagy?

HÁZI FELADAT

nézd meg az
Ez történt egy éjszaka
című filmet.

A SZÜKSÉGMENTESSÉG ELEGANCIÁJA

Egy hölgynek semmire nincs szüksége. Rendelkezik azzal, amit én úgy nevezek, hogy „a szükségmentesség eleganciája". Ez az egyik kulcsfontosságú attribútuma.

A legtöbb ember a szükség elképzeléséből működik: „Szükségem van arra, hogy szeressenek. Szükségem van arra, hogy ez a személy velem legyen. Szükségem van ennyi pénzre. Muszáj ezen a helyen élnem. Szükségem van arra, hogy azok az emberek, akikkel kapcsolatba kerülök, egy bizonyos módon viselkedjenek." Azt gondolják, hogy nem lehetnek boldogok, amíg a „szükségleteik" nincsenek kielégítve.

A szükségletek nem valósak. Kitalált valóságok. A szükségletek, amiket kitaláltál, a boldogságod, a hála és az öröm útjában állnak. A megelégedést nyújtó kapcsolatok útjában állnak. Akadályozzák a pénz áramlását. Fájdalmat okoznak a testednek. Az életed minden olyan helyén, ahol szükséged van valamire, korlátozod magad.

Gondoljatok a gyereknevelésre. Vannak szülők, akiknek nincs különösebb szükségük a gyerekeikre. Hagyják őket, hogy menjenek, és játszanak a barátaikkal. Megengedik nekik, hogy ők határozzák meg, merre megy az életük. Ugyanakkor teljes mértékben ott vannak nekik.

Vagy gondoljatok azokra az emberekre a párkapcsolatokban, akiknek látszólag nincs szükségük a másikra. A barátok azt kérdezik: „Rendben van az, hogy a partnered elmegy egy hétre, és nem beszélhetsz vele?" Annak a személynek ez nem probléma, mert tudja, hogy a partnere magának választ, és ez valami nagyszerűbbet teremt mindkettejük számára.

Amikor szükségből működsz, akkor próbálsz irányítani, kontrollálni mindent és mindenkit azon szükségletek alapján, amikről eldöntötted, hogy nekik kell beteljesíteniük ezeket számodra. De amikor szükségmentes vagy, az életedben lévő emberek azok lehetnek, akik ők valójában, úgy, ahogy vannak – te pedig az lehetsz, aki vagy, úgy, ahogy vagy.

Ebben a valóságban azt tanuljuk, hogy a szükség tart minket össze. Valójában ez távolít el egymástól. Milyen lenne, ha nem lenne szükséged a partneredre? Milyen lenne, ha nem is kellene, hogy legyen partnered?

Ha nem lenne szükséged arra, hogy a partnered egy bizonyos módon viselkedjen, akkor hálás lennél azért, amit a partnered képes nyújtani. Hálás lennél azért az ajándékért, ami a partnered az életedben. Hálás lennél a kapcsolatodért. Ha észreveszed a helyet, ahol bármid lehet és semmire nincs szükséged, az egész univerzum ajándék lesz számodra.

Mi történne, ha hölgyként elkezdenél mindent megtenni, amire vágytál, és mindent megkövetelni, ami elérhető számodra?

„De szükségem van arra, hogy szükséged legyen rám!"

Ahogy a szükségmentességről beszélgettünk a tanfolyamon, egy hölgy elmesélte, hogy a férjével folytatott heves beszélgetés közepette így fakadt ki: „Soha többé nem kell tőled semmi!"

A férje azt válaszolta: „De szükségem van rá, hogy szükséged legyen rám!" A nőt sokkolta, amit egymás fejéhez vágtak, mert mindkettő igaz volt, miközben nem volt igaz. Azt mondta: „Nem tudom, mit akar tőlem."

Nagyon sok férfinek kell, hogy szükség legyen rá. Innen tudják, hogy akarják őket. Ugyanakkor nagyon sok nőnek ellenállása van azzal, hogy egy férfinek szüksége legyen rájuk. Azt mondják: „Nem akarom, hogy szükség legyen rám!" De egy hölgy ezt úgy érti, ahogy van: Nincs rád szükség abban az értelemben, hogy a férfi követelőző. Abból a nézőpontból van rád szükség, hogy a férfi tudni akarja, hogy vágysz rá.

Ki tudod elégíteni bárkinek a szükségleteit?

Ha felismered, mire van szüksége egy személynek, meg tudod adni neki úgy is, hogy nem kell semmilyen részedet elveszítened közben. Ha tudod, hogy a partneresdnek az kell, hogy szükség legyen rá, meg tudnád ezt úgy is adni neki, hogy ez kettőtök számára valami mást hozzon létre? Milyen lenne, ha eldöntenéd, hogy a férfi megtisztel azzal, amikor azt hiszi, hogy ezt te tudod biztosítani számára?

Hölgyként tudod azt, hogy az emberek mikor vágynak rád, és mit szeretnének tőled. Ha hajlandó lennél ezt elismerni és felismerni, az vajon valami nagyszerűbbet hozna létre annál, amivel jelenleg rendelkezel?

Túl sokat adni

Néha nehéz a nőknek hallani ezeket a dolgokat. Lehet, hogy arra a következtetésre jutnak, hogy semmi közük azokhoz a dolgokhoz, amiket mondtam. Az egyik résztvevő szerint a következőket mondtam: „Mindent meg kell adni egy férfinak, amit kér." De nem ez az üzenet.

Miközben beszélgettünk erről, arra jött rá, hogy a kapcsolataiban túlságosan sokat adott. Azt mondta: „Mindent megadtam a férfiaknak, amit csak kellett, aztán pedig dobtak engem."

Azt feleltem: „Amit adsz, az több, mint amit az emberek kilencven százaléka ezen a bolygón be tud fogadni. Túl sokat adsz. Ébernek kell lenned arra, amit az emberek be tudnak fogadni – nem arra, hogy te mit tudsz adni."

Mi lenne, ha képes lennél meglátni, hogy mire van szükség, és csak azt adnád az embereknek, amit be tudnak fogadni?

Ajándékozás és befogadás

A két legnagyszerűbb lecke, amit megtanulhatsz: azt adni, amit az emberek be tudnak fogadni, és azt befogadni, amit az emberek adni tudnak. Ezt hölgyként képes vagy megtenni. Akkor vagy hölgy, amikor jelen vagy másokkal, és érdeklődsz irántuk. Hajlandó vagy mindent befogadni. És azt adni, amit be tudnak fogadni.

Egy barátom egyszer egy repülőtéren várt a járatára, amikor egy idősebb hölgyre lett figyelmes, aki zavartan szorongatta a beszállókártyáját. A barátom próbált szóba elegyedni a hölggyel, de nem értettek egymás nyelvén. A barátom ránézett a hölgy beszállókártyájára, és elmondta neki, hogy ugyanarra a járatra várnak, és hogy a megfelelő helyen van. Csak egy kicsit kellett várniuk. Szólt a légitársaság alkalmazottjának, hogy szóljon a hölgynek, amikor itt az ideje a beszállásnak. A hölgy teljes mértékben befogadta a kedvességét, annyira hálás volt, hogy könnyeket csalt a barátom szemébe.

Később, leszálláskor legalább tízen várták a hölgyet. Elmesélte nekik a barátom kedvességét, úgyhogy boldogan integettek neki, kezet ráztak vele, és köszönetet mondtak neki. A barátom azt mondta: „Nagyon sok hálát kellett befogadnom. Régebben talán elhárítottam volna, és valami olyasmit mondok, hogy: »Nem tesz semmit.« Most viszont teljes egészében befogadtam ennek a hálának és boldogságnak az ajándékát, és ez még boldogabbá tette őket."

Mi lenne, ha mindig képes lennél azt adni, amit be tudnak fogadni, és azt fogadnád be, amit adnak?
Látod a könnyedséget, ami lehetséges lenne ezzel?

BE TUDOD FOGADNI AZT, HOGY HÖLGY VAGY?

A hölgyként létezés eleganciája közel száz éve kezdett el kihalni, amikor megjelent a női egyenjogúság, a hölgyként létezésnek pedig leáldozott. Ennek óriási hatása volt arra, hogy miként léteztek a nők a világban, hogyan látták magukat, hogyan dolgoztak, és milyen kapcsolatokat teremtettek – és mindez nagy hatással volt arra is, hogy a nők mit voltak képesek befogadni az életük minden területén.

A tudatosság az a képesség, hogy jelen legyél az életedben minden pillanatban anélkül, hogy ítélkeznél önmagad vagy bárki más felett. Az a képesség, hogy mindent befogadj, semmit ne utasíts vissza, és megteremts mindent, amire vágysz az életben – nagyszerűbbet, mint amid jelen pillanatban van, és többet, mint amit el tudsz képzelni.

A befogadásra való hajlandóságnak kulcsfontosságú szerepe van a boldog kapcsolatban, és ez a kulcs elem, ami megkülönbözteti a hölgyet a nőtől.

A befogadás az egyik legnagyszerűbb képességünk, mégis erőteljesebben utasítjuk vissza, mint bármi mást. Az életed mekkora részét töltöd azzal, hogy cselekszel, cselekszel, cselekszel, ahelyett, hogy befogadnál? Hányszor vagy jelen, és tudod befogadni a naplementét, ami éppen láthatsz az ablakból? Vagy az első csésze kávédat reggel? Vagy egy csókot a szerelmedtől? És hogy állsz a pénz befogadásával?

Mi lenne, ha mindent úgy tudnál befogadni,
ahogy van, ítéletek nélkül?
Az milyen lenne?

Azt gondolod, hogy mindent magadnak kell megcsinálni?

A női egyenjogúság mozgalomnak az egyik hatása az volt, hogy a nőket meggyőzte arról, hogy mindent meg tudnak csinálni ők maguk. Az egyik tanfolyami résztvevő ezt így fogalmazta meg: „Szeretnék befogadni mindenkitől, de úgy érzem, be kell bizonyítanom, hogy mindent meg tudok csinálni egyedül is, és hogy annyira erős vagyok és ügyes, mint senki más." Nagyon sok nő gondolkodik ugyanígy. Egyszer egy nő azt mesélte, hogy egy férfi felajánlotta neki, hogy hét emeletnyi magasra felviszi a dolgokat, amiket vásárolt, és nem fogadta el a felajánlást. Be kellett bizonyítania, hogy egyedül is képes rá.

Közvetlenül is megtapasztaltam, hogy a nőknek muszáj mindent egyedül csinálni. New York-i utam során kinyitottam az ajtót egy nőnek, és nem várt reakcióval találkoztam. Én úgy gondoltam, és gyerekként úgy tanultam, hogy így viselkedik egy úriember. A nő behúzott egyet, és azt mondta: „Nem vagyok gyenge. Nem kell helyettem megtennie."

Miért nem lehet kedves gesztusnak venni, ha valaki felajánlja, hogy viszi a csomagjaidat vagy kinyitja az ajtót? A férfiaknak meg kell tanulni tisztelni a nőket – és a többi férfit is. Ugyanez vonatkozik a nőkre is. Mindannyiunknak meg kell tanulni tisztelni egymást és magunkat azzal, hogy azt adjuk, amit be tudnak fogadni, és hogy hajlandóak vagyunk fogadni mindazt, amit valaki értünk tesz, amivel megajándékoz. Ez a kedvesség ajándékozásáról és befogadásáról szól.

Meg szoktad kérni a férfiakat, hogy tegyenek meg érted dolgokat? Vagy visszautasítod, amikor felajánlják a segítségüket? Úgy állsz hozzá, hogy „nem akarom, hogy bármit is tegyenek értem"? Egy hölgy mindig hajlandó befogadni azt, amit egy férfi felkínál neki.

Mi az, amit nem vagy hajlandó fogadni a férfiaktól?
Mi lenne, ha hölgynek lenni azt jelentené, hogy a férfiak megtennének mindent, amire vágysz?
Ezt hajlandó lennél befogadni?

Valódi befogadás

A befogadásra való hajlandóság kulcsfontosságú szerepet kap a boldog kapcsolatokban. Ez a tulajdonság különbözteti meg a hölgyet a nőtől. Miközben beszélgettünk az *„Ez történt egy éjszaka"* filmről, egy résztvevő azt mondta: „Úgy tűnik, Ellie inspiráció volt Peternek arra, hogy gondoskodjon róla, és vele tartson az útján." Egyetértek ezzel. Azért volt így, mert mindketten hajlandóak voltak befogadni a másikat. Hajlandóak voltak valami másnak lenni, mint amit gondoltak, hogy lenniük kell, és hajlandóak voltak befogadni a másikat úgy, ahogy van.

Legtöbben nem veszik észre, hogy mi az igazi befogadás. Egy vagy/vagy univerzumot hoznak létre, amiben vannak azok a dolgok, amiket hajlandóak befogadni, és vannak azok, amiket nem. De az igazi befogadás arról szól, hogy mindent és mindenkit befogadsz ítélkezés vagy ellenállás nélkül. Az igazi befogadás valójában totális éberség. Minden fix nézőpontot, amit felveszel, azért választottál, hogy bizonyítsd, hogy nem kell befogadnod. De van másik opció: választhatod azt, hogy befogadod a totális lehetőség univerzumát.

Mikor engedted meg magadnak utoljára az igazi befogadást?

IGAZSÁG, HAZUGSÁG ÉS ÍTÉLKEZÉS

Egy tanfolyami résztvevőnek volt egy érdekes gondolata a női egyenjogúság mozgalomról: „Néztem régi filmeket, és nagyon élveztem őket. Azt látom, hogy a nők és férfiak közti dinamika teljesen megváltozott. Kíváncsi vagyok, milyen lenne a világ, ha a női egyenjogúság nem jelent volna meg."

A női egyenjogúság mozgalom úgy látta, hogy a nőket nem engedték hatalomhoz. De igaz volt-e ez valójában? A hölgyeknek mindig is óriási hatalma volt. Nem csak hogy volt, de azt is tudták, hogy hogyan kell használni. Ezzel szemben gondolj bele, hány nő figyeli magát állandóan manapság. Megállítják magukat. Az a következtetésük, hogy nem lehet rájuk bízni azt a hatalmat és potenciált, amivel mindig is rendelkeztek.

Próbáltad már azt gondolni, hogy nincs benned potenciál?

Ez az egyik leggyakoribb hazugság, amit a nők maguknak mondanak: „A férfiak nem akarják, hogy erősek legyünk. Elnyomnak minket." Sok nő meghallja ezt, és azt gondolja: „Igen. Ez igaz." Ez nem igaz! Ez egy képtelen nézőpont igazolása. Amikor beveszel egy hazugságot, nem teremtesz lehetőséget. Azt az illúziót teremted, hogy valami igaz, miközben nem az.

Egy hölgyet senkinek a hazugsága nem kontrollálja. Soha nem veszi be a hazugságot. Soha nem veszi be az ítélkezést. Amikor hall egyet, egyszerűen elismeri annak, ami. Ránéz, és azt kérdezi: „Mi ez?"

Aztán pedig felismeri: „Ó! Ez egy hazugság!" Ébernek lenni sokkal nagyobb buli, mint hinni a hazugságokban. Az igazság az, hogy vannak olyan férfiak, akik szeretnének neked és veled teremteni, de kizsigerelte őket a női egyenjogúság és az a nézőpont, hogy a nőknek nincs szüksége férfiakra.

Mi történne, ha mindig hajlandó lennél látni, hogy mi igaz, és soha nem vennél be hazugságokat?

Kezelni az ítéleteket

Az emberek gyakran elvesznek mások róluk alkotott ítéleteiben. Azt kérdezik: „Hogyan kezeljem ezt az ítéletet?", vagy „Hogyan kell reagálni, amikor megítélnek?" Mi az ítélet? Az ítélet csupán egy hazugság, amit az emberek mondanak neked. Minden egyes ítéletben van hazugság. Miért tennéd őket valóssá?

Hogyan kezeled, amikor mások megítélnek? Hogyan válaszolsz? Egyszerűen ismerd el, hogy az ítélet hazugság, és tedd fel a kérdést: „Mi a hazugság ebben az ítéletben?"

Gyakran feltételezzük, hogy mások megítélnek. Egy barátom mesélte, hogy bement dolgozni, és nagyon jól érezte magát. Egy nő odaköszönt neki a recepciónál, és azt mondta: „Nahát! Úgy vagy felöltözve, mintha kerti partira indultál volna!" A barátom ezt azonnal úgy értelmezte: „A ruháid túl rikítóak ahhoz, hogy itt viseld az irodában."

Szerencsére a barátomnak volt lélekjelenléte, hogy másképpen reagáljon, és ne csak szimplán elfogadja az ítéletet. Azt mondta: „Egyszerűen fergetegesnek találom, hogy ez a nő úgy gondolja, hogy a ruha, amit viselek, kerti partira való! Annyira hálás vagyok, hogy ebbe mentem bele, és nem abba, hogy »Jaj, ne! Nem vagyok megfelelően öltözve«, vagy »össze kell húznom magam«. Azt fogadtam be, hogy itt az idő, hogy még inkább felturbózzam, ahogyan öltözködöm."

A legtöbb ember nem ezt csinálja az ítéletekkel. Egyetértenek és összehangolódnak vele, vagy ellenállnak és reakcióba mennek. Beveszik mint igazságot. Megpróbálnak értéket találni benne. Vagy ellenállásba mennek vele, és megpróbálják látni, hogy mi a rossz az ítéletben. Vagy megpróbálják kitalálni, hogy miért ítélkeznek felettük. Vagy azt mondják: „Jaj, ne! Ez a személy megítél engem! Ez borzalmas! Mit tehetek?"

Kérlek, tudd, hogy az emberek egyetlen okból ítélnek meg: kontrollálni akarnak. Lehet, hogy azt gondolod, hogy nem engednéd meg magadnak, hogy kontrolláljanak, de amikor beveszed az emberek rólad alkotott ítéleteit, pontosan ezt csinálod. Máris kontroll alatt vagy. A hazugságaik kontrollálnak, mert azt hiszed, hogy igazak.

Hányszor volt olyan, hogy valaki azt mondta, hogy szeret? Elhitted neki? El. Igazként és valósként akartad elhinni azt az ítéletét, hogy szeret. Ő pedig semmi mást nem akart, mint kontrollálni.

Egy hölgyet soha nem kontrollál a mások hazugsága. Amikor hall egy ítéletet, szimplán elismeri azt annak, ami. Ránéz, és azt kérdezi: „Mi ez?" És azt mondja: „Ó, ez egy hazugság!" Még egyszer elmondom: az éberség sokkal nagyobb buli, mint hinni a hazugságokban.

Mi történne, ha mindig hajlandó volnál látni, hogy mi igaz, és soha nem vennéd be a hazugságokat?

Teljesen ébernek lenni mindenre

Az ítélkezéssel lehet elkerülni mindazt, ami van, és ami lehet. Elterel annak teremtéséről, amire vágysz, megakadályozza azt, hogy megteremtsd azt, ami lehetséges. Miért van ez? Mert amikor ítélkezel – vagy amikor beveszel egy ítéletet és ellenállsz neki – lezárod az éberségedet azzal kapcsolatban, hogy mi lehetséges annak javára, amit kikövetkeztettél.

Egy tanfolyami résztvevő, aki tanár is, egyszer azt mesélte, hogy nem járt be a tanáriba abban az iskolában, ahol dolgozott, mert a kollégái folyton ott ücsörögtek, panaszkodtak és ítélkeztek mások felett. Nem akart velük lenni, úgyhogy a saját termében maradt. Azt kérdezte a tanfolyamunkon: „Mit kezdjek ezzel? Most ez arra példa, amikor valaki nem hölgy?"

Amikor elszeparálod magad emberek egy csoportjától, akkor lekapcsolod az éberségedet. Ez azért probléma, mert éber szeretnél lenni arra, hogy ki az a csoportban, aki megítéli az embereket, és megpróbálja őket ítélkezéssel kontrollálni. Nem az a lényeg, hogy ez jó, rossz, helyes vagy helytelen, ez csak az, ami. Minden csoportban vannak véleményvezérek. Ha tudod, ki a véleményvezér, használhatod őket, megkerülheted őket és irányíthatod őket.

Hogyan kontrollálod a véleményvezéreket? Megtudod, hogy mi a véleményük azáltal, hogy jelen vagy, és hallgatod az ítélkezésüket. Amikor látsz egy megnyílást, ártatlanul azt mondod: „Azta! Soha nem láttam ezt még így. Hogyan jutottál erre a következtetésre?" Aztán igazolniuk kell a következtetésüket – és amikor igazolniuk kell a következtetésüket, akkor te és a többi jelenlévő éberek lesztek arra, hogy mit csinál. Ne kerüld el a csoportokat. Ha elkerülöd őket, akkor a hatásuk alatt leszel. Teljes éberséget szeretnél mindennel.

készíts listát mindarról, amit eldöntöttél arról, hogy mi az, hogy hölgy, vagy mi nem az, és mindenről, amit eldöntöttél, hogy egy hölgynek minek kell lennie. Amikor befejezted, olvasd el az összes elemet, és tedd fel a kérdést:

- Ez tényleg igaz?
- Ezt most én találom ki?
- Ezt én találom fel?
- Ez a döntés, hogy mi egy hölgy, vagy mi nem, benne tart engem a nem befogadás ítéleteiben, mögöttes szándékaiban, kitalációiban és hazugságaiban?

Aztán nézd meg az összes dolgot, amit leírtál, és tedd fel a kérdést:

- Ezek azzal kapcsolatos ítéletek, hogy te mi vagy?
- Ezek azzal kapcsolatos ítéletek, hogy szerinted minek kellene lenned?
- Ezek közül az ítéletek közül melyik határozza meg azt, hogy miért nem lehetsz hölgy, vagy nem kell hölgynek lenned?

Mit nem vagy hajlandó érzékelni, tudni, létezni és befogadni azzal kapcsolatban, ahogy ezek a dolgok ítélkezések, amiket arra használsz, hogy eldöntsd, mi vagy és mi nem vagy?

EGY HÖLGY AZ ÜZLETI ÉLETBEN

Egy hölgy az üzleti életben az erő és éberség forrása. Nem a kontroll forrása, és nem is akar az lenni. Azt látja, hogy mit *teremt* minden egyes választás, nem pedig azt, hogy mit *kontrollál.*

Amikor egy hölgynek alkalmazottai vannak, vagy csapata, hajlandó látni, hogy azok milyen hozzájárulások lehetnek, anélkül, hogy megítélné őket, vagy nézőpontja lenne arról, amit tesznek. Olyan vezető, aki arra inspirálja az embereket, hogy növekedjenek és gyarapodjanak. Tudja, hogy amikor mások együtt dolgoznak vele, el kell engednie a kontrollt. A kontroll az az elképzelés, hogy meg kell akadályoznod, hogy valaki valami rosszat tegyen, még mielőtt megteszi. Egy hölgy engedi, hogy hibázzanak az emberek, mert tudja, hogy amikor hibáznak, vagy olyasvalamit választanak, ami nem működik, akkor általában nem választják azt újra. Felismeri, hogy a legtöbb ember nem akar rossz munkát végezni.

Kontroll

Sajnos az üzleti életben nagyon sokan, férfiak és nők egyaránt azt gondolják, hogy haragot, erőszakot és dominanciát kell használniuk arra, hogy kontrolláljanak vagy rávegyék az embereket a változásra. Egy üzletember barátom azzal szembesült, hogy a csapatának egyik tagja csinálja ezt. A barátom megkérdezte tőlem, hogyan lehetne legjobban együtt dolgozni ezzel az emberrel. Azt mondtam neki:

„Menj kérdésbe!", és adtam neki három kérdést, hogy tegye fel a csapata ezen tagjának:

- Mi a célja ennek a haragnak?
- Mit szeretnél elérni ezzel?
- Hogyan szolgál jobban a harag, mint a kommunikáció?

Rá kell nézned arra, hogy erőből vagy gyengeségből teremtesz. A legtöbb nő azt gondolja, hogy folyamatosan kontrollálnia kell a dolgokat. Ez része annak, hogy bizonyítsák, hogy ők jók, a férfiak pedig rosszak. Próbálják bizonyítani az erejüket, hogy lássák, kin tudnak uralkodni.

Évekkel ezelőtt volt egy női főnököm. Baromi gonosz volt mindenkivel, aki neki dolgozott, hogy bizonyítsa, hogy egyenlő a férfiakkal. A gonoszság sohasem erő, azt jelenti, hogy valaki kényszerítésen keresztül próbál uralkodni. Valójában gyengeség.

Tud-e bárki igazán kontrollálni téged?

Egy tanfolyami résztvevő mesélt arról, hogy gonosz azokkal a férfiakkal a munkahelyén, akikről azt gondolja, hogy versengenek vele. „Szeretném ezt abbahagyni" – mondta. „Mindig azt mondom, hogy nem csinálom többet, de csak csinálom. Ezek olyan férfiak, akik legalább olyan ügyesek, mint én, vagy ügyesebbek. Van egy fickó az irodában, akire különösen ugrok. Amikor azt mondja: »Szeretném, ha ezt megcsinálnád«, én azt válaszolom: »Rendben«, aztán várok kicsit, mielőtt megteszem, csak hogy *megmutassam* neki. Hogyan tudnám abbahagyni, hogy reakcióba menjek a kéréseivel?"

Azt kérdeztem tőle: „Amikor utasítást ad, mit teremtene, ha azt mondanád: »Elnézést kérek, nem tudom megcsinálni. Olyan ellenérzésem van, hogy egyszerűen nem tudom megtenni«. Mit választana egy ilyen helyzetben? Vagy mi lenne, ha egyszerűen nemet mondanál egy hasonló helyzetben? Hajlandónak kell lenned arra, hogy lásd, mit teremt a választásod." Abban a pillanatban, amikor azt hiszed, hogy valaki ügyesebb, mint te, feladod az erődet.

Anyám mindig egy hölgy volt, és néha, amikor az emberek megkérték dolgokra, azt mondta: „Jaj, nagyon sajnálom. Nem hiszem, hogy meg tudom ezt tenni." Aztán valaki jött, és megtette helyette. Miért csinálták ezt? Mert ő az az energia volt, ami rávette őket arra, hogy akarják megtenni neki. *Energia* volt, nem pedig *ellenség*. Nem próbált meg kontrollálni semmit, de mindig tudta, hogyan szerezze meg azt, amire vágyott. Egy hölgy csak annyit tesz, amennyit be lehet fogadni. Soha nem tesz semmit, amit nem lehet befogadni, mert tudja, hogy nem fog működni.

Nagyon sok nő néz szembe hasonló helyzetekkel. Azzal töltik az életüket, hogy próbálják bizonyítani, hogy nem gyengék és gyáva nyuszik, amilyenné szerintük a férfiak tenni akarják őket. Miért próbálnál ilyet tenni? Lehet, hogy azt hiszed, hogy így nálad lesz a kontroll, mert senki nem tud kontrollálni téged? Miért aggódnál amiatt, hogy bárki kontrollál? Miért próbálnál másokat kontrollálni? Kérlek, nézz rá arra, hogy hogyan próbálod kontrollálni az embereket a választásokkal, amiket meghozol, és azzal, ahogyan meghozod őket.

Egy hölgy tudja, hogy saját jogán egyedi. Nem kell kontrollálnia. Csak akkor veszi át a vezetést, amikor itt az ideje. Egy hölgy ellentmondásos is lehet, ellentmondásos abban az értelemben, hogy arra inspirál másokat, hogy mások legyenek, vagy tegyenek valami mást. Nem erőltet semmit másokra. Egyszerűen inspirálja őket.

A hölgy ereje abban a képességben rejlik, hogy manipulál, amennyiben szükséges, beveti a fortélyt vagy a flörtöt, hogy mindig megkapja, amit akar.

Az ellenség státuszt választottad, hogy megpróbálj másokat kontrollálni?

Azt az energiát keresd, ami más lehetőséget hoz létre

Egy barátom mesélte, hogy a férjével próbálták elérni a városnál, hogy hagyja jóvá azt a tervüket, hogy építsenek egy üzlethelyiséget az egyik telkükre. Azt mondta: „Nagyon bonyolult lett a dolog, mert az egyik szomszédunk ellenzi a projektet. Egy nap autóztam a terület mellett, amikor a szomszéd, aki ellenzi a projektet és problémát okoz nekünk, kinn állt az úton. Fotózta a telkünket a telefonjával. Megálltam néhány másodpercre, amikor láttam őt, aztán azt gondoltam: ki akarom nyírni!

De megkérdeztem magamtól: »Mit teremt az, ha megállok és beszélek vele? És mit teremt, ha nem? Lássuk, meg tudom-e változtatni az energiát.« Megálltam és azt mondtam: »Tudja, ez itt magánterület. Hagyja el a földünket.« Azt mondta: »Nem a földjükön vagyok, és nem kell megmagyaráznom, hogy mit csinálok itt.« Abban a pillanatban megint rögtön azt gondoltam: kinyírom!"

Megkérdeztem a barátomat: „Mit tudtál volna csinálni, amivel te uralod a szituációt?"

„Nos, lehettem volna kedves vele" – mondta. „Én úgy reagáltam, ahogy nem akartam. Választhattam volna a kedvesebb utat."

Azt mondtam neki: „Nem kellett volna konfliktusba keveredni. Egy hölgy nem teremt konfliktust."

„Igen, tudom" – mondta. „Mégis csinálom."

Amikor konfliktust teremtesz, ellenségeket teremtesz. Igaz, hogy néha hajlandónak kell lenni ellenségeket szerezni. Néha meg kell engedni, hogy mások azt válasszák, hogy az ellenségükké tesznek, de az is lehetséges, hogy ezeket a helyzeteket úgy manipulálod, hogy megkapd, amit akarsz. Az anyám például azt mondta régen: „Mézzel több legyet lehet fogni, mint ecettel." Minden egyes helyzetben rá kell nézned arra, hogy mi fogja a legtöbbet teremteni.

Mindig azt az energiát keresd, ami egy más lehetőséget hoz létre. Egy fontos része ennek, hogy tudd, mit tud a többi ember befogadni.

Tedd fel a kérdést: „Mit tud ez a személy befogadni?", nem pedig: „Mit kaphatok ettől a helyzettől?". Ha milliónyi különböző energiára vagy éber, tedd fel a kérdést: „Milyen energiát választhatok, ami változást hoz ebbe a helyzetbe?" Hajlandónak kell lenned birtokolni a változást.

Válj az erő forrásává

Amikor a kontroll forrása vagy, azt hiszed, hogy kontrollálnod kell az embereket ahhoz, hogy megtegyenek dolgokat. Azt hiszed, hogy uralkodnod kell, hogy mindenkit kontrollálj a környezetedben, és te legyél a forrása mindennek, amit választanak. De hölgyként hajlandónak kell lenned arra, hogy egy teljesen más játékot játssz. Te vagy a forrása az erőnek, ami a jövőt teremti, a forrása annak az erőnek, ami a lehetőséget teremti, és a forrása annak a jövőnek, ami az örökké kiterjeszkedő valóságot teremti.

Amikor te vagy az erő forrása, van egy éberséged a jövőről. Éber vagy arra, hogy hogyan mozgat minden egyes választásod minden mást. Olyan ez, mint a *Star Trek*, ahol volt egy háromdimenziós sakktábla három szinttel. Minden alkalommal, amikor valaki elmozdított egy bábut az egyik szinten, az hatással volt a sakktábla másik két szintjére. El kell kezdened ilyen típusú éberségből működni.

A legtöbb ember az üzletben dámajátékot játszik, nem pedig sakkot, pláne nem háromdimenziós sakkot. Megpróbálnak egy egydimenziós játékban győzni. De amikor az erő forrása vagy, akkor nagyobban játszol. Olyan életet teremtesz, ami sokdimenziós lehetőségeken alapul, nem pedig egydimenziós kontroll rendszeren.

A magas pipacs

Hölgyként megvan az erőd ahhoz, hogy valami nagyszerűbbet teremts, mint amire a legtöbb ember képes. Amikor hajlandó vagy megtenni ezt, megteremted azt a teret, ahol nagyszerűbb dolgok jelennek meg számodra és az életedben mindenki más számára.

Hajlandónak kell neked lenni a magas pipacsnak – egy olyan egyénnek, aki kiemelkedik, és különleges dolgokat tesz, és akire emiatt neheztelhetnek, akire rátámadhatnak, vagy akit lekaszabolhatnak.

A női egyenjogúság mozgalom miatt a legtöbb nő nem rendelkezik a teremtés azon erejével, amivel egy hölgy. Azt tanították nekik, hogy ahhoz, hogy *eredményt* érjenek el, felelősséget kell vállalni és kontrollálni kell. Néha azt kérdezik: „Hogyan lehet olyan életem, ami nem túl sok?" Kicsi, megjósolható, „normális" valóságot választanak, ami kontrollálható, ahelyett, hogy egy olyan életet választanának, ami tele van lehetőségekkel. Nem választják, hogy magas pipacsok legyenek.

Visszafogtad magad, hogy ne legyél magas pipacs? Olyan dolgokat mondtál, mint például: „Ó, ez a fickó jó lesz partnernek. Ő nem akar majd nagyobb életet, úgyhogy nem kell fellépnem, hogy egy sztár legyek"? Azután azt mondod: „Várjunk csak! Igenis sztár akarok lenni"?

Te vagy az egyetlen, aki megállít abban, hogy sztár legyél. A választás a tied. Ha te leszel az erő forrása, akkor nagyobb életet kell választanod. Nem azt mondom, hogy vissza kell utasítani a kicsit. Arról van szó, hogy nem muszáj azt választanod, hogy a kicsi mentén élsz.

Megjósolhatóság kontra lehetőség

A nagyobb élet választása soha nem arról szól, hogy a megjósolhatót választod. Egy nő például azt mesélte nekem, hogy kapott egy érdekes üzleti ajánlatot egy férfitől, de ahelyett, hogy megnézte volna, hogy mi lehetséges ezzel a lehetőséggel, azonnal tudni akarta, hogy mit lehet megjósolni. Mit fog tenni? Mennyi pénzt invesztál ebbe? Nem tette fel a legfontosabb kérdéseket:

- Mi lehetséges itt, amit eddig nem láttam?

- Mi lehetséges itt, aminek a választására rá tudom venni? Mert egy hölgy vagyok, akinek van ilyen ereje.

Kérdésben lenni

A végén mindig a kérdések feltevéséhez jutunk, vagy ahogy én szeretem hívni, a kérdésként létezéshez. Miért tegyünk fel kérdést? Mert a kérdés az éberségedbe helyez, és egy hölgy az üzletben éberségből működik – non-stop. Egy olyan világban él, aminek az alapja a kérdés és a tudatosság, és úgy hoz választásokat, hogy soha nem jut következtetésre. A következtetés lényege, hogy megpróbálod azt az eredményt elérni, amiről azt gondolod, hogy szeretnéd.

Amikor egy csapattag megkérdezi: „Mit csináljak itt?", egy hölgy nem válaszolja azt, hogy „csináld ezt". Amikor valaki azt kérdezi, hogy: „Ez itt a legjobb, amit tehetek?", ő nem mond igent vagy nemet. Nem mondja, hogy „Igazad van", és nem mondja, hogy „Tévedsz." Feltesz egy olyan kérdést, ami teret hoz létre, ahol az emberek egyedül is el tudják dönteni, hogy mire képesek, és mire éberek, amiről nem volt tudomásuk. Olyan kérdéseket használ, mint például: „Mit gondolsz, mi fogja itt a legjobb eredményt létrehozni?"

Egy hölgy mindig lehetőséget teremt és választ. Mindig azt kérdezi: „Mi lehetséges itt, amit eddig nem választottam?"

Milyen forrása lehetsz az erőnek, amit eddig nem választottál?

Ítéletmentesség

Végsősoron hölgynek lenni az üzleti életben azt jelenti, hogy nincs ítéleted. Arról szól, hogy kérdésben vagy, és azokat a lehetőségeket választod, amik a nagyszerűbb jövőhöz vezetnek, ami egy sokkal hatalmasabb valóság, mint amit a legtöbb ember hajlandó birtokolni. Egy hölgy nem úgy működik, mint aki ki van téve ennek a valóságnak.

Abból működik, hogy: „*Ez az én világom*", ami egy lenyűgöző forrása az erőnek. Ilyen kérdéseket használ:

- Mit gondolsz, mi fog nagyszerűbb eredményt létrehozni?
- Milyen eredményt keresel?
- Mi az, amire vágysz?
- Milyen választásokat hozhatnál, amik a legtöbbet teremtik?

Láttasd meg az emberekkel, hogy milyen módokon teremtenek

Beszéltem egy barátommal, aki időt szabadított fel a munkaidejében, hogy tudjon más dolgokat is csinálni. Korábban feladta az életét az üzletért, és felismerte, hogy nem így akarja élni az életét. Azt mondta nekem: „Elhatároztam, hogy ezt megváltoztatom, de még mindig nagyon ismeretlen ez nekem is, és azoknak is, akik együtt dolgoznak velem."

Azt kérdeztem: „Mi történne, ha bemennél dolgozni, és azt mondanád: »Azta! Teljesen más érzés ide bejönni! Mit változtattatok meg, gyerekek, ami ennyire klassz?« Ez többet teremtene? Szerintem igen, mert az alkalmazottak elkezdenék látni, hogy ők is teremtők. Láttasd meg az emberekkel, hogy milyen módokon hozzájárulások és teremtők. Ezáltal többé válnak. Ahogyan te is."

Az alkalmazottjaidnak mindig van nézőpontja. Tegyél fel nekik kérdéseket. Ha szeretnél valami újat elkezdeni, mondhatod azt: „Szerintem ha ezt hozzáadnánk az üzlethez, kiterjeszkedhetne. Te mit gondolsz?" Vagy: „Mit tennél, hogy az üzlet növekedjen?" Tegyél fel magadnak is kérdéseket. Például, ha új üzletbe kezdesz, kérdezd meg:

„Milyen bevételi forrásokat tudok létrehozni ezzel az üzlettel?" Egy hölgy mindig feltesz egy kérdést.

Egy hölgy az üzleti életben mindig azt választja, hogy ő egy vezető. Miért? Mert látja az értékét annak, amit képes kínálni, és nem kicsinyíti le magát, vagy tagadja meg magát semmilyen módon. Chutisa barátom remek példája annak, amikor egy hölgy az üzleti életben azt választja, hogy vezető lesz. Nem csak egy hölgy az üzleti életben, hanem egy olyan hölgy, aki hölgy marad, bármi is történjen. Mindig a jövőbe tekint. Nem szokott kemény lenni és haragos. Nem kell neki, mert kérdéseket tesz fel, és egy nagyszerűbb éberség érzékeléséből működik.

Amikor tényleg hajlandó vagy teremteni, akkor mindenki valóságát meghódítod. Egy hölgy mindig úgy alakítja a körülményeket, hogy többet teremtsen. Mindig hajlandó feltenni a kérdést: „Milyen más lehetőségek vannak itt?" A hozzáigazítás nem egyenlő a kompromisszummal. A kompromisszum az a nézőpont, hogy fel kell adnod valamit azért, hogy együtt lehess valakivel. Egy hölgy sosem mond le egy részéről azért, hogy együtt lehessen valakivel – ahogy egy úriember sem. Mindketten mindig tisztában vannak azzal, hogy mi működik nekik. Mindig azt kérdezik: „Hogyan tudjuk ezt másképp csinálni?" Ez a kérdés egy másik lehetőséget hoz létre. Legyél hajlandó felismerni, hogy minden dolog meg tud változni. Kérdezd meg: „Mi egyéb lehetséges itt?" Legyél abban a kérdésben, hogy mit tudsz teremteni, és hogyan tudod megteremteni azt.

A valódi erő

Nagyon sok nő félreazonosítja az erőt. Eldöntik, hogy erősnek lenni azt jelenti, hogy igazuk van. De a valódi erő nem arról szól, hogy helyes vagy helytelen. A valódi erő arról szól, hogy felismered a lehetőséget minden dologban, és hajlandó vagy választani azokat – függetlenül attól, hogy bárki veled tart-e.

Ha jobban szeretnéd, hogy igazad legyen, mint hogy éber legyél, akkor ahhoz, hogy bebizonyítsd, hogy igazad van, szükségszerűen fel kell venned egy nézőpontot, ami igazolja az őrültséget, amit választottál. Nagyon sok ilyen dolog zajlik mostanában. Valaki más őrületének igazolása soha nem igazság.

Egy hölgynek soha nem kell, hogy igaza legyen, és soha nem kell tévednie. Csak elég erősnek kell lennie, hogy lássa azt, ami van. Megvan a hajlandósága ahhoz, hogy lássa, mivel is áll szemben. Felteszi a kérdést:

- Mi ez?
- Mit tegyek ezzel?
- Meg tudom változtatni?
- Tényleg meg akarom változtatni?
- Ha igen, hogyan változtatom meg?

Ha muszáj, hogy igazad legyen, akkor nem vagy valódi vezető. Csak olyasvalaki vagy, aki itt felelős. Utasítasz. De ettől nem lesz igazad – valamint végül neked kell elvégezni minden munkát.

Milyen ítéleteket, mögöttes szándékokat, kitalációkat és hazugságokat használsz, hogy megteremts egy megjósolható, szerény, hangyányi életet, amihez soha nem kell hölgynek lenned, aki lehetőségeket teremt minden választásával?

azt választottad, hogy úgy teremted az életedet, hogy ne legyen nagyobb, mint amit kezelni tudsz?

Hány ítéletet hoztál létre azért, hogy el tudd dönteni, hogy mi az, amit nem tudsz kezelni?

Készíts egy listát ezekről az ítéleteidről!

VERSENY

Egy barátom, aki operákat énekel, mesélte, hogy azzal készült egy nagyszerűbb valóságra az életében, hogy részt vett egy énekversenyen.

Azt kérdeztem tőle: „Mi lenne, ha hajlandó lennél túlmenni a versenyen? Mi lenne, ha ezt a vetélkedőt nem versenynek tartanád, ahol győztesek és vesztesek vannak, hanem egy lehetőségnek arra, hogy tündökölj? Mi lenne, ha nem próbálnál meg egy bizonyos eredményt elérni az előadásoddal? Mi lenne, ha hajlandó lennél önmagad lenni függetlenül bárki más nézőpontjától azzal kapcsolatban, hogy ki vagy te, és mire vagy képes?"

Amikor a lehetőség érdekel, mindig nyertes vagy

Kérlek, ne higgyétek el, hogy a verseny valós. Kérlek, ne hasonlítsátok magatokat máshoz. Csak akkor tudsz veszíteni, ha a verseny érdekel. Érdekeljen inkább a lehetőség, és mindig nyerni fogsz. Soha nem arról szól a dolog, hogy egy bizonyos eredményt érjünk el. Arról szól, hogy azt kérdezed: „Mi egyéb lehetséges itt?"

Amikor hajlandó vagy így működni, teljesen más lesz a világ. Amikor azt látod, hogy az emberek versengenek, tegyél fel néhány kérdést:

- Mi az, amit muszáj megkapniuk?
- Mi az, amit megpróbálnak elérni azzal, hogy ezt a versenyt választják?
- Mi a legfontosabb nekem?

Amikor felteszed ezeket a kérdéseket, ki tudsz fejleszteni egy éberséget arról, hogy mi fontos a többi embernek – és még fontosabb, hogy arról is, hogy mi fontos neked.

A lélek nagylelkűsége

Gyerekkoromban jártam helyesírási versenyekre, ahol rendre második lettem. Nem azért értem el ezt az eredményt, mert nem tudtam lebetűzni egy bizonyos szót, hanem azért, mert tudtam, hogy a másik gyerek mennyire elkeseredne, ha én nyernék. Úgyhogy hagytam nyerni. Az, hogy tudtam, hogy mire lettem volna képes, fontosabb volt, mint az, hogy bebizonyítsam, hogy képes vagyok a győzelemre.

Lehet, hogy néhányan azt mondják: „Hát igen, de nem vagy felelős azért, hogy egy másik ember hogyan érzi magát." Oké, de nekem ez egy módja annak, hogy biztosan ne legyünk a lélek nagylelkűsége. Ha tudnád, hogy a másik embernek nyernie kell, érdekelne, ha veszítenél? Ha meglenne a képességed, hogy egy nagyszerű operaénekes legyél egy versenyen, és tudnád, hogy valaki más belehalna, ha neki nem sikerülne, kellene bizonyítanod, hogy nagyszerű operaénekes vagy? Vagy csak lehetnél az a nagyszerű operaénekes, aki vagy? Hajlandónak kell lenned arra, hogy az legyél, aki vagy – függetlenül attól, hogy bárki más látja-e, hogy mire vagy képes.

Amikor nem vagy a lélek nagylelkűsége, abból a nézőpontból csinálod a dolgokat, hogy szükséged van valamire, vagy hiányod van valamiből, bármi legyen is az. Azt gondolod, hogy ha megnyered a versenyt, az majd kielégíti ezt a szükséget. Alapvetően azt mondod: „Hiányzik, hogy az emberek felismerjenek. Hiányzik, hogy elismerjenek és lássanak." Én próbálom soha nem felvenni azt a nézőpontot, hogy hiányom lenne bármiből. Ha az emberek látják, mi vagyok és mit teszek, nagyszerű. Ha nem látják, hogy mi vagyok és mit teszek, nem érdekel. Miért nem érdekel? Mert nekem nem fontos, hogy mások hogyan látnak engem. Az a fontos, hogy én hogyan látom magamat. Nekem nem kell, hogy mások elismerjenek engem. Azt választom, hogy magam miatt létezem.

A *mi* királysága

Arról van szó, hogy a *Mi* királyságából működjünk, nem pedig az Én királyságából. Az Én királysága arról szól, hogy kitaláld, mit is akarsz, mintha ennek minden és mindenki mástól elkülönültnek kellene lennie. A *Mi* királysága az egység és tudatosság ébersége. Egy éberség, amiben minden benne van és semmi nincs megítélve. Ahogyan tudatosabbak leszünk arra, hogy milyen módon kapcsolódik minden mindenhez, a lehetőségeink exponenciálisan növekednek. Akként az egységként élünk, akik valójában vagyunk.

Sajnos a legtöbb ember valósága nem a Mi királysága. Próbálnak az én, én, én nézőpontjából működni. Azt gondolják: „Mi fontos nekem? Minden! Mi fontos mindenki másnak? Semmi!"

A Mi királyságában mindenki benne van – az egész világ. Arról szól, hogy tegyük fel a kérdést: „Hogyan teremthetek többet az emberek számára? Mit választhatok, ami mindenkinek többet fog teremteni?" Egy hölgynek ez a nézőpontja. Hacsak a hölgyként létezés nem tér vissza, a bolygónk tovább fog szenvedni.

Milyen energia, térűr, tudatosság lehetek, hogy több lehetőséget teremtsek a Mi királysága számára az örökkévalóságig?

Mi lenne, ha a verseny nem volna a világod része?

Egy hölgyet nem érdekel a verseny, vagy az, hogy más emberek hogyan látják őt, mivel nem szükséges felvágnia, vagy „győznie". Csak létezik. Mindig azt keresi, hogy mi lehetséges. Mi lenne, ha mindig hajlandó lennél arra, hogy tündökölj? Mi lenne, ha a verseny nem lenne része a világodnak? Mi lenne, ha csak lehetőség lenne?

A valódi őszinteség az, amikor tudod, hogy mit akarsz választani. Azt akarod választani, ami pénzt hoz neked? Azt akarod választani, ami lehetőségeket hoz? Azt akarod választani, ami mindenkinek segít körülötted? Tedd fel a kérdést:

- Mi az, amire igazán vágyom?
- Mi az, amit igazán szeretnék teremteni és generálni?

NAGYLELKŰSÉG ÉS BÓKOK

Az egyik tanfolyami résztvevő mesélt arról, hogy ő hogyan érzékeli azokat a férfiakat, akik az edzőtermébe járnak. Azt mondta: „Olyan boldogtalannak tűnnek. Teljesen elzárták a szexuálisságukat. Az energiájuk annyira *pfuj*. Ez elszomorít. Mi más lehetséges?"

Amit valójában kérdezett, ez volt: „Hogyan kell valakibe életet lehelni?" Ezt hölgyként meg tudod tenni: legyél invitálás másoknak a lehetőségekre.

A nők nem tudják, hogyan invitáljanak másokat a lehetőségekre, a hölgyek viszont igen. Azt javasoltam ennek a résztvevőnek, hogy mondja az edzőtermében egy férfinak: „Hűha, milyen szerencsés a partnered, hogy olyan pasija van, aki úgy néz ki, mint te." Egy hölgy észreveszi, hogy ő egyedi, és azt is, hogy mások is egyediek szeretnének lenni. Látja más emberek másságát, függetlenül attól, hogy férfiről vagy nőről van szó, és bókol nekik.

Milyen lenne, ha hajlandó lennél önmagadat akként az ajándékként látni, aki valójában vagy, és akként az ajándékként, ami lehetsz mások számára?

Anyám, aki mindig egy hölgy volt, azt éreztette a férfiakkal, hogy erősek és nagyszerűek, és ezt úgy csinálta, hogy ebben egy szikrányi flört nem volt. Egyszerűen bókolt az embereknek. Figyeltem, hogy hogyan csinálja, és azt gondoltam: „Ez gyönyörű. Hogyan tudja ezt ilyen természetesen csinálni?"

A nagylelkűség része a hölgyként létezésnek

Akkor vagy hölgy, amikor jelen vagy a többi emberrel, érdeklődsz irántuk, és hajlandó vagy befogadni őket úgy, ahogy vannak. Marlene Dietrich lánya, Maria Riva, Az anyám, Marlene című könyvében beszél arról, hogy Dietrich mindig dicsérte és támogatta a körülötte lévő embereket. Gondoskodott róluk, ajándékokat vett nekik. Ebből következően, ha bármikor bármit kért tőlük, rögtön megtették, mert ő maga is nagylelkű és adakozó volt. A nagylelkűség része a hölgyként létezésnek, olyasvalami, amit tanulni és gyakorolni kell.

Csapat nélkül semmi nem történik

Egy színházban dolgozó hölgy beszélt nekem a csapata mentalitásáról. Azt mondta: „Mindig mindenkivel beszélgettem, amikor egy produkción dolgoztunk, nem csak az előadókkal. Mindenkit elismerek és beveszek a beszélgetésekbe. Soha nem volt az a nézőpontom, hogy bárki nagyobb vagy kisebb a másiknál."

Ezt teljesen érthető, ugye? Egy színházi produkció nem mehet tovább, ha nem járul hozzá mindenki. Nem arról van szó, hogy egyikük a sztár, a másik pedig csak egy díszletező. Díszletező nélkül a főszereplő nem csinálhatná azt, amit ő csinál. Amikor mindenkivel úgy bánsz, hogy ő egy ajándék, akkor minden könnyebbé válik.

Ez igaz bármilyen munkakörnyezetre, ahol az embereknek különféle szerepeik vannak. Semmi sem jön létre, ha nincs ott egy csapat. Amikor ott van a csapat, az emberek helyettesítik egymást, és megcsinálják a másik munkáját, ha szükséges. Gondolj arra, hogy ez hogy jelenik meg bizonyos állatcsoportoknál, és ez hogyan támogatja a túlélését az egész csapatnak. Az emberek viszont ahhoz igazodtak, hogy az egyén éljen túl, nem pedig az egész. Egy hölgy viszont soha nem magáért dolgozik, hanem mindenkiért. Az egész túlélését kell fenntartanod.

Mindig hölgyként viselkedni azt jelenti, hogy úgy bánsz az emberekkel, hogy mindig kimutasd nekik, milyen hálás vagy azért, amit tesznek. Csináld ezt, és még többet akarnak majd érted tenni.

LÁTNI AZ EMBEREK HÁTSÓ SZÁNDÉKÁT

Egy tanfolyami résztvevő mesélt a férjéről, aki a legnagyszerűbb manipulátor, akit valaha látott. „Nézem, ahogy manipulálja az embereket, beleértve engem is" – mondta. „De azt nem nagyon látom, hogy hogyan csinálja. Valahogy sikerül észrevétlenül megtennie. Lenyűgöző."

A következő kérdést javasoltam neki: „Mi a hátsó szándéka?" Amikor nem vagy hajlandó látni valakinek a hátsó szándékát, akkor vak vagy rá, ami nem engedi, hogy sok információt fogadj be.

Látni valakinek a hátsó szándékát különösen akkor hasznos, amikor olyan férfival vagy nővel van dolgod, aki drámát és traumát használ arra, hogy egy helyzetet kontrolláljon, vagy hogy az ő akarata érvényesüljön. Látod-e, hogy miről szól a dráma? Látod-e a hátsó szándékot? Vagy egyszerűen azt mondod: „Ez az ember annyira hisztis! Utálom a hisztis embereket!"

Amikor utálod a hisztis embereket, visszautasítod őket. Amikor ezt teszed, nem tudod észrevenni, hogy mit tesznek valójában, és nem lehetsz éber a hátsó szándékaikra. Ha ellenállsz annak, amit valaki csinál, és reakcióba mész vele, ez azt jelenti, hogy lekapcsolod az éberségedet. Ha gyűlölöd, lekapcsolod az éberséged. Ha dühös vagy, lekapcsolod az éberségedet. Lekapcsolod az éberségedet, és nem vagy képes látni a hátsó szándékát annak a bizonyos személynek, úgyhogy valahányszor hisztizésben tör ki, nem látod, hogy valójában mit csinál.

Nem látod, hogy mit lehet megváltoztatni, mi másként létezhetsz, vagy mi mást tehetsz, vagy mit tudnál kontrollálni vagy teremteni.

Ennek eredményeképpen a hisztizőnek mindig érvényesül az akarata, és voltaképpen semmi más célja nincs is. A trauma és dráma célja, hogy rávegyen arra, hogy hagyd békén, hogy neki ne kelljen semmit tenni, és így neked kell az összes terhet viselni.

De ha azt kérdezed: „Mi a hátsó szándéka ennek az embernek azzal, hogy hisztizik?", könnyedén tudod irányítani a helyzetet. Meg tudod kérdezni magadtól: „Mi működne itt?" A hisztizőt is meg tudod kérdezni: „Mi más szeretnél lenni, vagy mi mást szeretnél tenni itt?" Ez azért működik, mert ahhoz, hogy meg tudják válaszolni a kérdésedet, ki kell szállniuk a drámából.

Vagy mondhatod azt: „Szemmel láthatóan nagyon idegesít téged ez a dolog. Mit szeretnél, mi legyen?" Aztán pedig megkérdezheted: „Hogy látod, hogyan lehet ezt megváltoztatni vagy megoldani?" Őt hozod abba a helyzetbe, aki meg tudja oldani a saját problémáját, ezáltal abbahagyja a drámázást. Téged próbál irányítani a hisztivel, és ez működik is – de csakis addig, amíg nem vagy hajlandó látni, hogy mit művel.

PÉNZ

Számos barátnőm számolt be arról, hogy a nagyanyjuk még hölgy volt, az anyjuk már nem. Ez azért van, mert az édesanyjaik a női egyenjogúság generációnak a tagjai, a nagymamáik viszont az a generáció voltak, amikor a hölgyként létezés még érték volt. Ez tette őket a pénz forrásává.

A női egyenjogúság mozgalom sajnos magával vitte azt a helyet, ahol a hölgyek hölgyek lehettek függetlenül a körülményeiktől. Meggyőzte őket arról, hogy el vannak nyomva, és hogy pénzük kell, hogy legyen ahhoz, hogy azok lehessenek, akik lenni akarnak. A pénz az értékük megítélésévé vált ahelyett, hogy egy elérhető választási lehetőség lett volna. Egy hölgy tudja, hogy minden választás elérhető számára, függetlenül attól, hogy van-e pénze vagy nincs. Annak az ajándéka, hogy valaki hölgyként létezik az, hogy tudja, hogy bármit meg tud változtatni.

Sok embernek az a nézőpontja, hogy a hölgy mindig a pénzből jön, vagy mindig van pénze, de a hölgynek nincs olyan definíciója, aminek az alapja a pénz birtoklása lenne. A legtöbb hölgy tudja, hogy lesz pénze. Ugyanakkor, egy hölgy azt is tudja, hogy kivé válhat, vagy hogy ki ő pénzzel vagy pénz nélkül. Nem kell, hogy pénze legyen ahhoz, hogy lehetőségei legyenek.

Egy hölgy elvárja a bőséget

Egy mexikói tanfolyami résztvevő arról mesélt, hogy ő olyan környezetből jön, ahol hölgyek voltak. „Belém nevelték a hölgyként létezést. De az a nézőpontom, hogy a pénzzel bánni súlyos dolog, és hogy a hölgyek nem foglalkoznak ezzel. Hogyan férhetek hozzá a hölgyként létezés energiájához a bőség teremtésének tekintetében?"

Miközben egy hölgy tudja, hogy pénzzel és pénz nélkül is lehet az, aki, sikerül neki pénzt teremteni, mert hajlandó arra, hogy a pénz forrása legyen. A legtöbb ember azt próbálja megtudni, hogy hogyan szerezzen pénzt – mit kell tennie, hogy megszerezze – mintha nehéz lenne megszerezni. De a hölgy hozzáállása nem az, hogy „lesz pénzem", hanem az, hogy „én vagyok a pénz forrása". Nem próbálod a pénzt megszerezni vagy birtokolni. Te vagy a forrása.

Egy hölgy mindig elvárja a bőséget, és nem kell keményen dolgoznia azért, hogy megteremtse. Megkérdeztem a mexikói hölgyet: „Mi lenne, ha a pénz annyira egyszerű lenne, mint az, hogy kinyitod a tárcádat, és ott van? Ilyen lehetne, ha hajlandó volnál akként a hölgyként működni, aki valójában vagy."

Egy hölgy igazi harcos. Csak akkor öl, ha muszáj, és soha nem goromba (kivéve, ha célja van vele, vagy amikor a manipulálás megkívánja). A pénzszerzéssel ugyanez van – szántszándékkal csinálja. Nem véletlen, hogy van neki. Megszerezheti a hölgyektől megszokott manipuláción vagy nyílt felsőbbrendűségen keresztül. Megkapja, amire vágyik, de nem kell erőszakkal vagy negativitással csinálnia. Kérés útján teszi.

Mit tehetsz vagy miként létezhetsz, hogy még több pénz forrása legyél teljes könnyedséggel?

EGY HÖLGYNEK NEM KELL, HOGY LEGYEN PÉNZE AHHOZ, HOGY LEGYEN LEHETŐSÉGE

Egy hölgy, akinek van pénze

Vannak hölgyek, akiknek szép ékszereik és ruháik vannak, akik azt hiszik, hogy ha szépen felöltöznek, túl soknak fogják őket tartani mások. Én azt mondom: „Öltözz ki mindig!" Ha mindened meglesz, amit szeretnél az életben, akkor kell, hogy legyen stílusod és ízlésed, hogy a gazdagok keressék a társaságodat, a szegények pedig, akik számára ijesztő vagy, eltávolodjanak.

Egy nap Dain egy nagy stóc új ruhával jött haza. Azt mondta: „Úgy döntöttem, megszabadulok a közönséges cuccaimtól – azoktól, amiket akkor viselek, amikor csak elvagyok. Nem akarok ellenni többé. Mindig a legjobbat akarom kihozni magamból." Amikor ezt elkezdte, a pincérnők nem kezdtek ki vele többé, és olyan hölgyek kezdtek flörtölni vele, akiknek volt pénze. Hoppá! Ha azt akarod, hogy a pincérek akarjanak hazavinni, öltözz szegényesen. Ha azt akarod, hogy olyan fickók hívjanak el, akiknek szép autóik vannak, öltözz ki!

Amikor ruhát választasz, tedd fel a kérdést: „Ha ezt viselem, olyan férfit szerzek, aki támogat engem? Vagy olyan férfit szerzek, aki el akar venni tőlem?" Ha szegényesen öltözöl, pénztelen férfiak fognak járni utánad. A szegény fiúkat keresed, akik majd szeretni fognak? Sok nő ezeket a fiúkat keresi, mert tudják, hogy azokat el lehet hagyni. Ezért választják őket.

Amikor ezt teszed, mindig lesznek olyanok, akik azt mondják: „Olyan nagyra vagy magaddal! Azt gondolod, hogy milyen nagyszerű vagy." Én az ilyen kijelentésekre ezzel válaszolok: „Így van. Hol itt a probléma?"

Aztán valami ilyesmit szoktak erre válaszolni: „Hát, tudod, nem mindenkinek van pénze."

„Igen, tudom" – válaszolom. „De én akarom, hogy legyen pénzem. Nem érdekel, mibe kerül. Lesz pénzem." Ez egy teljesen más univerzum, amikor hajlandó vagy felismerni, hogy mi az, amit hajlandó vagy birtokolni, és teszel érte.

Azokat a fickókat választod, akiket el tudsz hagyni, azok helyett a fickók helyett, akik benne tartanának abban a stílusban, amihez hajlandó vagy hozzászokni?

Soha ne mondd egy férfinak, hogy ő gazdag

Egy tanfolyami résztvevő arról számolt be, hogy egy férfi, akivel randizik, időnként azt szokta mondani: „Én nem vagyok gazdag." A nő azt mondja erre: „Ez fura. Hazugságnak hangzik. Én mindig azt mondom neki, hogy: »Valójában gazdag vagy.«"

Én azt javaslom, hogy soha ne mondd egy férfinak, hogy gazdag. Amikor egy férfi azt mondja, hogy ő nem gazdag, csinálj belőle viccet. Mondd azt: „Jaj, szívem, így is szeretlek. Ha a pénzedért lennék veled, sokkal több ékszert vennél nekem, mint amennyit szoktál." Vagy: „Nem a pénzedért szeretlek, hanem a szexi tested miatt." Hacsak nem...mégis a pénzéért vagy vele?

Megkérdeztem, hogy a pénzéért van-e vele. Biztosított róla, hogy nem. Azt mondta: „Tudja, hogy mennyi mindent szeretnék az életemben, de soha nem kérem tőle." Nem kér tőle pénzt, mert ő egy hölgy.

Milyen energia, térűr és tudatosság lehetsz, ami lehetővé tenné, hogy az a végtelen hölgy legyél végtelen lehetőségekkel és végtelen jövőkkel, aki valójában vagy, az örökkévalóságon át?

Stella Dallas

Van egy másik film, a *Stella Dallas* Barbara Stanwyck főszereplésével, amiben fellelhető a hölgy néhány eleme. Ez egy lenyűgöző és alulértékelt film egy nőről, aki úgy dönt, hogy „jobb életet" akar, és ezt az fogja megadni neki, ha hozzámegy egy férfihoz a pénzéért. Ezt kapja? Nem. Először is, nem hajlandó látni, hogy mit teremt a választása – és a férje elválik tőle. Zseniális film rengeteg árnyalattal, és Stella a végén megmutatja, hogy ő igenis egy hölgy.

A filmekben gyakran látni szegény embereket, akik azt gondolják, hogy a pénz mindent megold. A pénzes emberek azt gondolják, hogy a szépség old meg mindent. Lehet látni olyanokat, akik valamilyen osztályba születtek, és azt gondolják, hogy az osztály a problémájuk.

És aztán itt van ez a Stella Dallas. Stella eléggé közönséges és átlagos, de végsősoron egy hölgy, mert meglátja, hogy a lányának nagyobb képessége van a boldogságra és a bőségre, mint neki, és megteszi azt, amit meg kell tennie, hogy a lányának megteremtse a lehetőséget arra, hogy egy másfajta életet válasszon. Egy hölgy mindig azt nézi, hogy mi lesz a jövő, anélkül, hogy bármilyen nézőpontot kikövetkeztetne, vagy feltételezne erről.

Kedvesség

A *Stella Dallas* című film egy másik fontos aspektusát is megmutatja a hölgyként létezésnek: a kedvességre való képességet. Helen, a dúsgazdag özvegy, akit Stephen Dallas feleségül vesz, miután elvált Stellától, valódi hölgy és elbűvölő. Egyszer elhívja Stellát a birtokára, és úgy bánik vele, ahogy mindenkivel bánni kellene – eleganciával és kedvességgel, egy szemernyi ítélkezés nélkül.

A kellem a hölgyként létezés egyik kulcsa. Egy hölgy mindig elegáns és kedves. Soha nem durva, mert nem kell annak lennie. Egy hölgy soha nem érzi magát kényelmetlenül, mindent elintéz. Ez az egyik adottság, amivel rendelkezik. Hajlandó önmagaként jelen lenni, soha nem kevesebb ennél.

Néhányan azt hiszik, hogy ha kedvesek vagyunk, akkor ki fognak bennünket használni. Egy valódi hölgyet soha nem lehet kihasználni. Azért kedves, mert ezt választja. Egy barátom mesélte, hogy az apja mindig azt mondta: „Szívem, te túlságosan kedves vagy. Attól tartok, hogy ki fognak használni."

Én azt mondtam neki, hogy az apja nem bízott abban, hogy a lánya tudja, mit csinál.

A barátom nevetett, és azt válaszolta: „Igen, látom, hogy mindig is mennyire a tudásból működtem, már gyerekkoromban is." Ez mindannyiunkra igaz. Sokkal tovább működtünk a tudásunkból és a velünk született kedvességből, mint gondolnánk. Ez része annak, akik vagyunk. De választanunk kell, hogy ekként létezzünk!

HOGYAN ÖLTÖZIK EGY HÖLGY?

„Érdekes – mondta egy tanfolyami résztvevő –, a hölgyként létezés eleganciája kihalt közel egy évszázada, amikor a Női Egyenjogúság mozgalom létrejött. A testem imád olyan ékszereket viselni, amik legalább száz évesek, mert annyira elegáns és gyönyörű. De a legtöbb modernkori öltözék nem kényelmes a testem számára. Nem is tudom, hogy kezeljem ezt."

Azt javasoltam, hogy nézze meg, mit viseltek a hölgyek száz évvel ezelőtt, és nézze meg, hogy ilyen típusú ruhákat szívesen viselne-e. Azt javasoltam, keressen valakit, aki tud készíteni olyan ruhákat, amit a teste imádna, és ami neki működne. Milyen lenne például pelerint viselni? Miért voltak száz évvel ezelőtt annyira népszerűek a pelerinek? Mert van bennük valami elegancia. Másképpen néznek rád az emberek attól, ahogyan mozogsz bennük. Nem ez az, amit szeretnél az öltözködésben?

Kiválasztani a ruhákat, amiket igazán szeretnél viselni

Van egy barátom, aki kicsit túlsúlyos, és zsákszerű ruhákat visel. Mindig azokat a férfiakat kedvelte, akik a vékony nőkre buktak, akik testhez simuló ruhákat hordtak. Egy nap ezt kérdezte: „Miért nem engem választanak ezek a férfiak? Én sokkal jobb vagyok, mint azok a nők, akiket ők választanak."

Azok a férfiak olyan nőket választanak, akik az ő valóságukat támogatják. Olyan imidzsként használják a nőket, amit másoknak szeretnének mutatni. Sok nőt tanítottak arra, hogy ehhez igazodjanak.

- Azt tanították, hogy inkább legyél egy férfi támogatója, mint a saját életed teremtője?
- Volt valaha olyan férfi melletted, aki hajlandó volt támogatni téged és a karrieredet?
- Olyan férfi számára öltöztél fel, aki hálás a karrieredért és aki támogatja azt?
- Olyan férfi számára öltözködsz, aki látja, hogy ajándék vagy a számára?

Ezt a három Access Consciousness eszközt használhatod:

1. Érdekes nézőpont

Az első eszköz az érdekes nézőpont. Ez az eszköz arra invitál, hogy fontolóra vegyél bármilyen nézőpontot, amit valaha felvettél bármivel kapcsolatban – beleértve a ruháidat is – és megszabadítsd magad tőlük.

Dain egyik római tanfolyamán valaki azt mondta: „Ahhoz, hogy ebben a valóságban élj, pénzre van szükséged!" Majdnem mindenki egyetértően bólogatott a tanfolyamon. De mi van, ha ez a kijelentés csak egy érdekes nézőpont, nem pedig valami, amit energetikailag támogatnod kell?

Mi lenne, ha minden nézőpontod minden dologgal kapcsolatban – beleértve a ruháidat is – nem tény volna, nem igazság, nem valóság? Mi lenne, ha egyik nézőpont sem volna más, mint érdekes nézőpont? Mi lenne, ha nem kellene egyetértened és összehangolódnod vele, sem ellenállnod neki vagy reakcióba menni azzal, amit bárki vagy bármi tett, mondott, gondolt vagy viselt? Mi lenne, ha meg tudnád engedni, hogy a nézőpont az legyen, ami – csak egy érdekes nézőpont?

Így kell csinálni: Gondolj egy helyzetre az életedben, ahol azt gondoltad, hogy valamiről véleményed kell, hogy legyen. Vedd ezt a nézőpontot, és mondd magadnak: „Érdekes nézőpont, van egy ilyen nézőpontom." Várj egy percet, és nézd meg mi történik. Vedd észre az energiáját ennek a kijelentésnek a pénzről: „Pénz kell ahhoz, hogy élni tudj ebben a valóságban." És mondd újra: „Érdekes nézőpont, van egy ilyen nézőpontom." Csináld ezt harmadjára is: „Érdekes nézőpont, van egy ilyen nézőpontom." Most milyennek tűnik ez a kijelentés?

A legtöbb ember arról számol be, miután sokszor elmondja, hogy „érdekes nézőpont", hogy a nézőpont eltűnik. Az energia egyszerűen elmegy belőle. Ahelyett, hogy ragaszkodnának ahhoz, hogy ezt a nézőpontot valamiféle valóságnak vagy igazságnak tartanák, elkezdik annak látni, ami – semmi más, mint egy érdekes nézőpont, amit felvettek.

Ezzel a felismeréssel ki tudnak oldani mindent, amiről eldöntötték, hogy igaz és valós – és lehet egy másfajta választásuk.

Próbáld meg ezt használni, ha nehézséged támad azzal, hogy olyan ruhát találj, amit tényleg szeretnél viselni, és nézd meg, mi történik.

2. Mit próbálok elkerülni ezzel a választással?

A második dolog, amit megtehetsz, hogy felteszed ezt a kérdést: „Mit próbálok meg elkerülni ezzel a választással?" Mondjuk, hogy próbálsz ruhát választani egy bizonyos alkalomra. Felpróbálsz egy ruhát, és állsz a tükör előtt. Kérdezd meg: „Mit próbálok elkerülni ezzel a választással?" Próbálod elkerülni azt, hogy szexinek látszódj? Próbálod elkerülni azt, hogy előkelőnek tűnj? Azt próbálod elkerülni, hogy olyan férfit válassz, aki birtokol annyi mindent, amennyit te hajlandó vagy birtokolni? Próbálod elkerülni a férfiakat, akik mindent megtesznek, hogy támogassanak téged? Mi az, amit próbálsz elkerülni a ruhákkal, amiket választasz? Még egyszer, próbáld ki, és figyeld meg, mi történik.

3. Mit fog ez a ruha teremteni?

A harmadik eszköz az, hogy megkérdezed: „Mit fog ez a ruha teremteni? Többet teremt vagy kevesebbet?" Egy hölgy mindig azt választja, ami többet teremt. Soha nem választja azt, ami kevesebbet teremt.

Vond bele a testedet a választásaidba!

Van itt még valami a ruhákkal és cipőkkel kapcsolatban, amiket választasz: Be kell vonni a testedet is a választásaidba. Például soha ne is gondolj arra, hogy olyan cipőt veszel fel, amit nem esik jól viselni. Ez különösen fontos akkor, ha magassarkúról beszélünk. Mindig olyan magassarkút vegyél, ami kellemes érzés a testednek. (Nekem azt mondták, ha hiszitek, ha nem, hogy vannak olyan magassarkú cipők, amelyek kifejezetten kényelmesek). De meg kell kérdezned: „Oké, test, melyik magassarkút tudom könnyedén viselni?"

Amikor vásárolni mégy, ne a csinos magassarkút keresd. Keresd a gyönyörű magassarkút, ami nem okoz fájdalmat. Kérdezd meg a testedet: „Testem, ezek közül melyik cipőtől éreznéd jól magad, és még jól is állna neked?" Nagyon sok hölgy találja a Jimmy Choo és Manolo Blahnik cipőket nagyon kényelmesnek.

Az én benyomásom az, hogy a férfiak szeretik a nőket magassarkúban látni. Felizgatja őket. Szeretik azt gondolni, hogy nekik le fogod venni őket, ezért aztán még akkor is szexinek látszol bennük, amikor leveszed őket és a kezedben viszed – de ez a kis trükk nem működik mindenkinek. Egy ismerős hölgy egyszer azt mondta: „Mindig imádtam levenni a magassarkúmat és a kezemben vinni őket, de a párom utálja, amikor egy hölgy ezt csinálja. Mit tehetek?"

Azt feleltem: „Mi lenne, ha azt mondanád: »Szívem, annyira fáj a lábam. Levehetem a cipőmet?« vagy: »Felvennél?« vagy: »Vennél egy pár drága cipőt nekem?« Ha annyira szereti, hogy magassarkúban jársz, ki kell fizetnie egy pár olyan cipőt, ami kényelmes. Ha tényleg kontrollálni akarod, kérdezd meg: »Drágám, nem bánod, ha leveszem ezt a cipőt és ezt a ruhát?« Egy pillanat alatt minden rendben lesz azzal, ha leveszed a magassarkút. A férfiak tényleg elég hülyék tudnak lenni."

PÁRKAPCSOLATOT LÉTREHOZNI EGY FÉRFIVAL

Néha azt mondják a nők, hogy nem érdeklik őket a férfiak. Én azt kérdezem: „Biztos vagy benne, hogy ez igaz? Tényleg nem érdekelnek a férfiak?"

Sokszor azt válaszolják: „Hát…nem igazán" vagy „Nem, de…"

Erre én: „A »nem, de« azt jelenti, hogy igen."

Ha határozottan kijelentik, hogy nem érdeklik őket a férfiak, akkor azt mondom: „Akkor ismerd el a tényt, hogy nem érdekelnek."

Az egyik oka annak, hogy a nőket nem érdeklik a férfiak, hogy a férfiakkal rohadt könnyű. A másik oka az, hogy elvárják a férfiaktól, hogy milyenek legyenek. Amikor a férfiak nem olyanok, a nők csalódottnak érzik magukat, hogy a férfiak nem érnek fel az ítéleteikhez, kivetítéseikhez és elvárásaikhoz. Elkülönülnek a férfiaktól, vagy korlátokat húznak fel velük szemben.

Olyan nők is vannak, akik az érdeklődésük hiányát fegyverként és eszközként használják. Azt hiszik, hogy a férfiak jobban fogják szeretni őket, ha ők nem érdeklődnek irántuk. Ezek a nők felismerik azt, hogy amikor úgy teszel, mintha nem érdekelne valaki, akkor még jobban akar.

Ezzel nincs semmi baj. Egy hölgynek mindig képesnek kell lennie arra, hogy a nem-érdeklődést eszközként használja, amikor így kíván tenni. A nem-érdeklődést használja az adott pillanatban, ahhoz mérten, amire szükség van, és ami történni fog. Tudja, hogy amikor nincs *szükséged*, az emberek érdekesnek fognak találni.

De amikor *érdekel* egy férfi, és a dolgok nem arra mennek, amerre te szeretnéd, felteheted a kérdést: „Mi ebben a jó, amit nem veszek észre?" Mi van, ha van abban valami jó, ami történik, vagy azzal, amit teszel, bármi legyen is az, amit eddig figyelembe sem vettél? Ha felteszed ezt a kérdést, ez majd egy másik perspektívához juttat azzal kapcsolatban, ami történik.

Párválasztás

Hogyan választasz párt? Vannak nők, akik olyan párt választanak, aki megítéli őket. Eldöntötték, hogy az a férfi, aki ítélkezik felettük, magasabb rendű a többieknél, és ha olyan férfival vannak, aki megítéli őket, az majd őket is felsőbbrendűvé teszi. De annak a pasinak, aki azt gondolja, hogy felsőbbrendű, mindig az kell, hogy te kevesebb legyél, hogy fenn tudja tartani az elképzelését a felsőbbrendűségéről.

Más nők észre sem veszik azokat a férfiakat, akik boldoggá tehetnék őket, mert ezt soha nem definiálták akként, amit megkaphatnának, vagy amire vágyhatnak. Olyan világban élnek, ahol a férfiakat győztesnek vagy vesztesnek tekintik. Ahelyett, hogy olyan férfira hajtanának, aki támogatja őket, és az élete kalandjának részeként tekint rájuk, olyan pasit keresnek, aki „győztes".

Meglátnak egy fickót, aki nem adja meg nekik, amit akarnak, és aki nem akarja őket boldoggá tenni, és győztesnek tekintik, mert nem érdeklik. Meglátnak bármilyen pasit, akit érdekelnek, és teljesen haszontalannak látják. Érdeklődik irántuk – úgyhogy nyilvánvalóan egy lúzer.

Egy barátom például eldöntötte, hogy egy bizonyos pasi kell neki, aki egy totális seggfej volt. De nem kellett a pasinak. Volt ugyanakkor egy másik srác, aki imádni akarta, de az meg neki nem kellett, mert az egy „lúzer". Megkérdeztem tőle: „Mitől lúzer ez az ember? Attól, hogy kedvel téged?"

„Ó, hát ő nem számít." – mondta. „Csak egy kedves srác. Végül aztán megváltoztatta a nézőpontját róla. Majdnem kilenc évvel később egy életteli, bulis és szexi kapcsolódás van közöttük, a kapcsolatuk pedig folyamatosan növekszik és változik.

A megfelelő személy megválasztása nem arról szól, hogy meglátsz valakit egy zsúfolt teremben, és azt mondod: „Istenem, szerelmes vagyok!" Nem is ismered! Valahányszor találkozom valakivel, aki érdekes, megkérdezem magamtól, tudnék-e élni vele. Együtt élni valakivel folyamatos választás. Bárkivel összeházasodhatsz egy pillanat alatt, de tudnál-e élni vele? *Ez* itt a kérdés.

Az eleganciája annak, hogy mindig tudod, mit akarsz

Sokan mondják, hogy párt szeretnének, de valójában olyasvalakit akarnak, aki mindent megtesz, amit ők nem akarnak megtenni. Ez nem pár. Ez egy rabszolga, egy szolgáló vagy egy talpnyaló – valaki, aki mindent megtesz, amit parancsolnak neki kérdés nélkül. Ha ezt keresed, legyél hajlandó felismerni ezt, mert ez is a tied lehet, ha ezt kívánod.

Egy hölgy mesélte nekem, hogy van egy férfi, akit annyira inspirál, hogy az szinte mindent megtesz neki. „De nagyon sok idő kell, hogy úgy érezzem, hogy ez egy kapcsolat." Azt mondta: „Egyre türelmetlenebb vagyok. Nem tudom, hogy fog-e működni."

Azt kérdeztem tőle: „Azt kérdezed, hogy tudsz-e vele élni?"

„Nem igazán" - mondta. „Igazából nagyon nehéz vele együtt élni. Szeretem, ha megvan a saját terem.

Rámutattam, hogy a „nagyon nehéz" egy következtetés, nem pedig egy kérdés.

Megvonta a vállát, és azt mondta: „Nos, egyszerűen tisztában vagyok vele, hogy én mit szeretek."

Mondtam neki, hogy szerintem ő nem igazán akarja, hogy legyen párja. „Te egy szolgát akarsz" - mondtam. „Valakit, aki megteszi, amit akarsz, akkor, amikor te akarod. Ha ezt elismered, találhatsz valakit, aki a szolgálód lesz. Pofonegyszerű. A hölgyként létezés finomsága az eleganciája és a szükségmentessége annak, hogy mindig tudod, mit akarsz, és hogyan szerezd meg.

„Mit akarsz teremteni? Ne hibáztasd magad azért, amire vágysz. Én nem okollak azért, hogy azt akarod, hogy valaki kiszolgáljon. Te okolod. Én ezért veszek fel embereket, hogy dolgozzanak nekem. Azért veszem fel őket, hogy a rabszolgáim legyenek, és nagyon kedves vagyok velük, hogy még többet dolgozzanak. Jó rabszolgatartó vagyok. Nem bánok rosszul velük, de folyamatosan újabb és újabb dolgokat kérek tőlük. Ha azt akarod, hogy ez a férfi szolgáló legyen, többet kell neki fizetned és nagyon kedvesnek kell vele lenned." Egy hölgy arra manipulálja a férfit, hogy megadja neki, amit akar, és nincs erről nézőpontja. Nem ítéli meg saját magát.

A hölgyként létezés finomsága az eleganciában rejlik, hogy mindig tudod, hogy mit akarsz, és tudod, hogy hogyan szerezd meg. Az ítélkezés visszatart attól, hogy mindened meglegyen, amire vágysz. Egy hölgy tudja, hogy van választása, és nem kell, hogy fix vagy moralizáló nézőpontja legyen erről. Hajlandó pragmatikusnak lenni azzal kapcsolatban, hogy mi fog neki működni.

Mi az, amire hajlandónak kell lenned, ami nem vagy hajlandó lenni ahhoz, hogy megkapj mindent, amire vágysz, teljes könnyedséggel?

A partnerkapcsolat célja

Vannak emberek, akik készséggel lesznek a talpnyalóid, de az, hogy partnered legyen, egy teljesen más történet. A partnerkapcsolat célja, hogy legyen valaki, akivel együttműködhetsz, aki kiterjeszti azt, amire képes vagy, és hozzájárulás lesz ehhez. Azért választod, hogy valakivel partnerkapcsolatban legyél, mert az kiterjeszti a lehetőségeidet.

Nekem például van egy nem szexuális partnerkapcsolatom Dain Heerrel, mert ez mindkettőnk számára kiterjeszti a lehetőségeket. Egy házban lakunk, mert ez kiterjeszti a lehetőségeket. Van egy közös farmunk, mert ez kiterjeszti a lehetőségeket. Van egy közös pénzügyi valóságunk, mert ez kiterjeszti a lehetőségeket.

Tegyél fel kérdéseket, és legyél hajlandó tudni, amit tudsz

Egy hölgy mindig képes látni, hogy ki lesz hozzájárulás az életéhez, és ki terjeszti ki a lehetőségeit. Az alapján választ partnert, amit tud - nem pedig a férfi valamilyen tulajdonsága alapján.

Nem arról van szó, hogy legyenek okai és igazolásai annak, amit választasz. Kérdéseket kell feltenned. Kíváncsinak kell lenned, és hajlandónak arra, hogy tudd, amit tudsz azzal a személlyel kapcsolatban, aki ott áll előtted. Amikor olyan férfivel van dolgod, aki partnerként is érdekelhet, tegyél fel olyan kérdéseket, mint például:

- Szeretnék időt tölteni ezzel a személlyel?
- Bulis lenne nekem vele együtt lenni?
- Hozzájárulás lenne nekem és az életemnek, és jobbá tenné azt?
- Olyasvalaki ez a személy, akivel együtt szeretném tölteni az életemet?
- Milyen lenne együtt élni ezzel az emberrel?

Sokaknak az a nézőpontja, hogy ha jó a szex valakivel, akkor együtt is tudnak élni vele. A szex nem arról szól, hogy együtt élsz valakivel. Tedd fel a kérdést:

- Milyen a közelében lenni?
- Milyen a terében lenni?
- Milyen az, amikor minden működik?

Mi kellene ahhoz, hogy találj egy férfit, aki része tud lenni az életednek? Valakit, akivel nagy könnyedséggel tudsz együtt élni? Egy olyan férfit, aki melletted áll és támogat mindenben, amit szeretnél teremteni most és a jövőben? És mennyire érezhetnéd jól magad vele?

Egy férfi nézőpontok nélkül

Mi lenne, ha egy nézőpontok nélküli férfit választanál? Az a férfi, akinek nincs nézőpontja, ezt mondja: „Szia! Tetszel. Akarsz játszani?" Ő az a típusú férfi, akit a legtöbb nő soha nem választ. Egy nézőpontok nélküli férfi soha nem lesz a szolgálód. Rád néz, amikor éppen meg vagy őrülve, és azt mondja: „Mit csinálsz? Miért viselkedsz úgy, mint egy őrült?" Miért kérdez ilyet? Mert abban a pillanatban őrültként viselkedsz.

Nem ítél meg vagy nem hazudik neked, és nem is fog teljesen egyetérteni semmivel, vagy kiállni bármi mellett. De mindig melletted áll. Arra vágyik, hogy mindig teljesen önmagad legyél. Nem kéri, hogy kevesebb legyél, mint ami vagy, hogy mellette lehess. Ő egy olyan férfi, aki arra vár, hogy imádhasson. Azt gondolja, hogy te vagy a legcsodálatosabb dolog a világon.

Azt is megkérdezheted:

- Tényleg kedvelem ezt az embert?
- Ő olyasvalaki, aki kérdésben van?
- Vagy próbálok ugyanolyan típusú pasit választani, akit mindig választok?

Mire vágysz egy kapcsolatban?

Tudnod kell, hogy mire vágysz egy kapcsolatban. Ha nem kapod meg azt abban a kapcsolatban, amiben vagy, találnod kell valakit, aki megadja neked azt, amire vágysz, vagy amit megérdemelsz. Nagyon sok nő belekezd egy kapcsolatba, aztán megtartja – még akkor is, ha nem működik neki. Egy hölgynek soha nem kell ezt tennie. Amikor nem működik a kapcsolat, továbbáll. És nem csak kiszáll. Azt mondja: „Ez nem működik. Kérem a következőt!"

Kérdezd meg magadtól: „Ez az, amire vágyom egy kapcsolatban?" Például, olyan férfit szeretnél, akiből jó apa válik? Ha ezt szeretnéd, megkaphatod. De kérlek, tegyél fel kérdéseket. Az a férfi, aki jó apa, mindent megad neked, amire vágysz? Vagy mindent megad ez neki, amire ő vágyik? Valószínű, hogy neki fog mindent megadni, amire vágyik, mert sok férfi van, aki jó apa akar lenni. És előre eldöntötték, hogy mit jelent jó apának lenni. Van egy döntésük arról, hogy ez hogy néz ki.

Legyél éber, és abban nincs kérdés, hogy: „Olyan férfit akarok, aki jó apa." Mi lenne, ha az éberséggel mennél következtetések helyett? Mi lenne, ha megkérdeznéd:

- Mitől lenne ez a férfi jó apa?
- Mitől lenne ez a férfi rossz apa?

Azt is nézni kell, hogy te hol vagy ebben az egyenletben jó anyaként. Amikor következtetésbe mész, eltörlöd az éberségedet azzal kapcsolatban, hogy mi lehetséges, és beleragasztod magad abba, amit eldöntöttél vagy kikövetkeztettél. Csak egy nő hajlandó arra, hogy következtetései legyenek.

Mit próbálsz teremteni?

Egy hölgy mindig vezet a kapcsolatban. Amikor hölgy vagy, neked kell meghatározni, hogy hajlandó vagy-e együtt teremteni egy férfival. Nem arról van szó, hogy *ő* hajlandó-e teremteni veled. Másfelől egy nő mindig próbálja kitalálni, hogy hogyan irányítson, hogy kapja meg, ami „kell neki".

Hogyan kell valami után eredni anélkül, hogy követelőző lennél? Nos, amikor követelőző vagy, próbálsz megtenni mindent, hogy te legyél az, aki irányít. Ellenben amikor szükségmentes vagy, te vagy a vezető, aki arra bátorítja az embereket, hogy teremtsenek.

Hölgyként teljes éberséged lehet arról, hogy mit akar a férfi, és teljes éberséged arról is, hogy te mire vágysz. Megvan a képességed, hogy mindkettőt megteremtsd. Hogyan csinálod ezt? Felteszed a kérdést: „Hölgyként mit szeretnék itt most választani?"

Mi lenne, ha nem neked kellene irányítani?
Mi lenne, ha egyszerűen vezető lehetnél a kapcsolatban?

Az ősforrás

Olyan férfi van veled, aki a pusztítást keresi? Olyan, aki összehangolódik más emberek nézőpontjaival? Vagy olyan férfi mellett vagy, aki két lábbal áll a saját valóságában, és egy más lehetőséget teremt? Milyen lenne, ha hajlandó lennél egy ilyen férfival lenni?

Az ősforrás egy olyan film, ami arra invitál, hogy nézz rá, milyen férfit szeretnél az életedben. Patricia Neal játssza Dominique Francont, a híres építész akaratos lányát. Bizonyos értelemben nem hölgyként működik, de mindig tisztességesen jár el, ami egy olyan tulajdonság, ami egy hölgyben mindig megvan. Tisztában van magával, tudja, hogy mi igaz neki.

Dominique beleszeret a Gary Cooper által alakított Howard Roarkba, egy tehetséges és rendíthetetlen építészbe. Látja rajta, hogy annyira tisztességes, hogy az üzleti élet kegyetlen világa fel fogja emészteni. Egy hölgy, ha ilyet lát, azt kérdezi: „Milyen választásaim vannak itt?"

Dominique azt mondja Howardnak: „Nem akarom végignézni, hogy tönkremégy." És elhagyja. Az emberek valóban el akarják pusztítani Howardot. Végül Dominique úgy dönt, hogy egyesíti az erejét vele. Együtt küzd vele, és megtestesít mindent, amit akar, és megkap mindent, amire vágyik. Azzal, hogy azt választja, hogy

Howarddal együtt harcol, Dominique vezetővé válik a világban. Egy másik lehetőséget hoz létre.

Ez a film képet ad a konfliktusokról, amikkel folyamatosan találkozol, amikor vagy küzdesz a nézőpontodért, vagy a férfi ellen, aki elveheti tőled a nézőpontodat. A férfi, aki valóban törődik veled, soha nem harcol ellened. Csakis veled harcol. Együtt sokkal többre vagytok képesek.

Egy hölgy nem problémának látja a férfit, hanem ajándéknak. Nem ellenségnek látja, hanem egy olyan személynek, aki hozzájárulás neki, aki lehetővé teszi számára, hogy többet fogadjon be az életében. A legtöbb nőnek nem ez a nézőpontja.

HÁZI FELADAT

Nézd meg Az ősforrás című filmet

A KOMMUNIKÁCIÓ ÉS EGYSÉGKÖZÖSSÉG VÁLASZTÁSA A KAPCSOLATODBAN

Egy tanfolyami résztvevő beszélt arról, hogy szeretne közeli egységközösségben lenni a partnerével. „Felbukkant a kapcsolatunkban valami energia, ami nem engedi, hogy egységközösségben legyünk. Az, ahogyan kommunikálunk, kikészít. Próbálok úgy tenni, mintha minden rendben lenne, de végül úgy érzem, hogy egy bizonyos módon kell vele beszélnem, átnézni rajta, vagy csak egy kicsit megközelíthetőnek lenni, vagy teljesen megközelíthetetlennek lenni."

Amiről ő beszélt, az nem egységközösség. Ez egy őrültség, amit sok nő arra használ, hogy rávegye a férfit arra, hogy azt csinálja, amit ő akar, amikor akarja. A kontrollálás eszközeként működhet ez, de nem teremt egységközösséget – és a kontrollálásnak sem a megfelelő módja. Nem vagy jelen a saját életedben, amikor ilyet csinálsz. Van más lehetőség is. Az a tény, hogy senki nem tud téged megakadályozni abban, hogy egységközösségben legyél, amikor te az egységközösséget választod.

A valódi egységközösség

Valódi egységközösség akkor jön létre, amikor felismered, hogy te és a másik személy nem igazán kommunikáltok egymással, és felteszed a következő kérdéseket:

- Mit próbálok teremteni ezzel a furcsa kommunikációval, amit választok?
- Milyen hazugságot használok, hogy megteremtsem, amit választok?
- Mi az, amit igazából nem vagyok hajlandó látni vele kapcsolatban?
- Hajlandó vagyok mindent tudni róla?
- Vagy úgy teszek, mintha tudni akarnék valamit?

Rá kell nézned erre a személyre, és megkérdezni:

- Valójában mit mond ő nekem?
- Mi a hátsó szándéka ennek az embernek?
- Mi történik itt valójában?

Meg kell nézni, mit mondanak az emberek, aztán megkérdőjelezni azt. Ilyen módon tudni fogod, hogy nem mondanak igazat, és hogy az egységközösség nem az, aminek gondoltad. Fel kell ismerned, hogy nem mindenki gondolja úgy a dolgokat, ahogyan mondja. Valójában a legtöbb ember nem azt gondolja, amit mond.

A FÉRFI, AKI HOZZÁJÁRULÁS SZERETNE LENNI NEKED

A női egyenjogúság mozgalom megtanította a nőknek, hogy egyedül kell teremteniük a jövőjüket, vagy választani egy férfit, aki segít beteljesíteni az álmaikat. Nem mutatta meg azt az elképzelést, hogy kérhetnek egy olyan férfit, aki segíthet elérni az álmaikat, és azt az elképzelést sem mutatta be, hogy a nők teremthetnek együtt a partnerükkel. Ez sok kapcsolatban zavart hozott létre.

Az egyik tanfolyami résztvevő beszélt arról a nézőpontról, hogy neki és a férjének támogatniuk kell egymást, de ugyanakkor azt is kifejezte, hogy neki kell teremtenie a saját jövőjét.

Egy másik azt mondta, hogy soha nem kapta meg azt a hozzájárulást és támogatást, amire vágyott volna egy férfitől. Azt mondta a tanfolyamon: „Most egy olyan pasival vagyok kapcsolatban, aki hozzájárulás szeretne lenni nekem. Fantasztikus képessége van arra, hogy teremtsen és generáljon, és nem tudom, mit kezdjek ezzel. Nem tudom, hogyan fogadjam be, és nem merem azt kérni tőle, amit szeretnék."

Hogyan kéred azt, amire vágysz? Mondhatod ezt: „Sajnálom, hogy ezt kell kérnem kedvesem, de tényleg muszáj. Van bármilyen mód arra, hogy ezt megtedd nekem? És én mit tehetek azért, hogy hozzájárulás legyek neked ahhoz, amire képes vagy?"

Tiszteld a férfit

Egy hölgy tudja, hogy ha tiszteled a férfit, ha felajánlod a segítségedet, hogy elérje az álmát, akkor ő is tisztelni fog téged, és segít elérni a tiedet. Milyen lenne, ha egy férfi támogatna téged, a jövődet és az álmaidat, te pedig az övét? Kérted valaha, hogy legyen valaki az életedben, aki ezt akarja?

Hogyan teremted ezt a fajta valódi partnerkapcsolatot? Azzal kezded, hogy tiszteled a férfit, akivel vagy. Mivel a legtöbb férfi nem tudja, hogyan tiszteljen egy nőt, meg kell neki mutatnod, hogy hogyan kell tisztelni. Úgy mutatod be neki a dolgokat, hogy megértse. Azt mondod: „Ó, szívem, annyira le vagyok nyűgözve attól, hogy mi mindenre vagy képes. Hogyan tudnék segíteni abban, hogy elérd az álmodat?"

Ha megmutatod egy férfinak, hogy hogy néz ki a tisztelet, akkor tisztelni fog téged, és ugyanúgy fog kezelni. Ha nem tart tiszteletben és nem bánik veled tisztelettel, szabadulj meg tőle! Ne tarts meg csak azért egy férfit, mert kéznél van. Tudd, hogy nagyon sok hal van még a tengerben. Ha egy horogra akadt, majd horogra akad egy másik.

Együtt teremteni egy férfivel

Egy hölgy abból a nézőpontból tekint a kapcsolatra, hogy „Hogyan teremtjük ezt?" Amikor ebből a kérdésből működsz, egy másik valóság jelenik meg. Egy férfi úgy tekint a nőre, mint valaki, aki együtt teremt vele egy másik lehetőségből. Boldog, hogy együtt teremtenek, szexuális értelemben és máshogyan is.

Ahhoz, hogy így teremts, kérdésben kell lenned: „Hogyan lehetek ezzel a férfivel, ami arra készteti őt, hogy velem teremtsen?" Egy hölgy *igényli* azt, hogy egy férfi vele teremtsen, nincs *szüksége* arra, hogy vele teremtsen.

A legtöbb nő azt gondolja, hogy férfiakra van szüksége ahhoz, megtegyenek neki dolgokat. Az, hogy együtt teremtsenek egy férfival, nem valós számukra, úgyhogy így beszélnek: „Szeretném, ha ezt megtennéd nekem." Mit jelent ez? Azt jelenti, hogy „ezt megteszed nekem, különben véged". Ha valódi kapcsolatra vágysz, akkor ez nem fog működni. Azt a kérdést kell feltenned, hogy: „Hogyan vegyem rá ezt a személyt arra, hogy velem együtt teremtsen?"

Tekintsd a partneredet az életed kreatív elemének

Barátommal és üzleti partneremmel, Dain Heerrel nagyszerű nem szexuális jellegű partneri viszonyban vagyunk. Együtt élünk, együtt facilitálunk tanfolyamokat, és sok mindent csinálunk együtt. Nemrég azt mondtam neki: „Le kell ülnünk, és ki kell találnunk, hogy mit akarunk együtt teremteni, mert tudom, hogy ha dolgozunk ezen, akkor sokkal többet tudunk teremteni." Ezt te is megteheted.

A legtöbb nő abból a kérdésből hozta létre a kapcsolatát, hogy: „Hogyan tudok együtt élni ezzel az emberrel?" Úgy tekintenek a jövőre, mintha különálló lenne a férfi jövőjétől. Ez nem a legjobb választás. Mi lenne, ha a partneredet az életed kreatív elemének tekintenéd? Mit tudnátok együtt teremteni? Fel kell tenned a kérdést:

- Mit tudunk itt valójában teremteni?
- Mi lehetséges, amire eddig nem gondoltam?
- Hogyan kalauzolhatom el a férfit a saját nagyszerűségéhez teljes könnyedséggel?

Hogyan kezdhettek együtt teremteni?

Ha hajlandó vagy a partnereddel úgy lenni, mint egy kreatív tényezővel, akkor az mindkettőtök számára többet teremthet. De legyél éber, hogy nem feltétlenül lesz habostorta a dolog az elején, ha nem azzal az elképzeléssel mentél bele a kapcsolatba, hogy együtt tudnátok teremteni. De még így is meg tudod ezt változtatni, ha szeretnéd. Hölgynek kell lenned, akiben megvan az erő, hogy tovább menjen, még akkor is, ha ott van benne a vágy, hogy kiszálljon. Látnod kell, hogy mit tudsz megváltoztatni, ami egy másik valóságot hoz létre neked és a partneradnek.

Ha ez érdekesen hangzik számodra, itt van néhány kérdés, amivel elkezdheted:

- Mit tudnánk együtt teremteni?
- Ha együtt dolgozunk, mit gondolsz, mit tudnánk teremteni, ami sok pénzt hoz számunkra?
- Min tudnánk együtt dolgozni, ami valami nagyszerűbbet hozna létre?

Ez eleinte nehéz lehet, ha korábban volt már vitátok erről a dologról. Sajnos a férfi-női valóság jelenlegi állása szerint ez egy meglehetősen extrém elképzelés. Hogyan tudsz kikerülni ebből a konfrontációból és konfliktusból? Ülj az ölébe, öleld át, és mondd azt neki: „Köszönöm szépen, hogy az életem része vagy. Úgy érzem, hogy soha nem teszek eleget. Azon tűnődöm, hogyan tudnék hozzájárulás lenni valamihez, ami több pénzt hoz nekünk. Nem neked, hanem mindkettőnknek." Remélhetőleg ez lehetővé teszi, hogy elkezdjetek beszélgetni arról, hogy hogyan tudnátok kreatív és generatív módon hozzájárulás lenni egymás számára.

FLÖRT, CSÁBÍTÁS ÉS SZEX

Egy hölgy számára a szex mindig a játékról szól. A szex nem arról szól, hogy egy bizonyos eredményt elérjünk vele. Nem „jelent" semmit. A buli kedvéért szexel és azért, amit ez ajándékozhat neki és a partnerének. Tudja, hogy a szex arról szól, hogy mindenki befogad benne.

Egy hölgynek nem kell semmit *elvennie* ahhoz, hogy kapcsolata legyen. *Hozzájárul* ahhoz, ami megteremti azt. Használja ezt a hat kérdést, mielőtt bárkivel lefeküdne:

- Könnyű lesz?
- Bulis lesz?
- Tanulok valamit?
- Hálás leszek?
- Boldogabb leszek?
- Ez hozzájárulás lesz nekem és a világnak?

Egy nő számára a szex az eredményről szól. Arról, hogy megszerezzen egy kapcsolatot. Úgy érzi, hogy beszélnie kell a szexről. Kérkednie kell vele, vagy bizonyítani, hogy csinál valamit a szexualitásával. Egy nő valóságában minden arról szól, hogy összejöjjön egy férfival, akivel szaporodni fognak. A nőnek versengőnek kell lennie, máskülönben a faj nem erősödik.

Valahányszor egy nő a szerelmi életedről vagy a szerelmedről kérdez, legyél éber arra, hogy valójában a férfi iránt érdeklődik, mert boldogabbnak tűnsz nála. Lehet, hogy azt akarja tudni, hogy a pasid elég jó-e neki, hogy elvehesse tőled.

Mindössze annyit kell tenned, hogy úgy válaszolsz neki, hogy elveszítse az érdeklődését. Ha azt mondod: „Hát nem rossz, de szerintem nem olyan, aki neked tetszene. Túlságosan unalmas", nem fogja érdekelni.

Szexinek lenni

Szeretnél olyan hölgy lenni, aki pusztán azzal magára tudja vonni egy férfi érdeklődését, hogy bevonul egy szobába? Olyan hölgy, aki rá tud venni egy férfit, hogy mindent megtegyen, amit csak akar? Ezt azzal a képességgel tudod megteremteni, hogy szexi *vagy*, nem pedig azzal, hogy szexinek *nézel ki*.

Sok nő gondolja, hogy a szexi kinézetnek a lenge öltözékhez vagy a botoxhoz és kozmetikai eljárásokhoz van köze. De egy hölgy soha nem harsányan szexuális. Finoman szexuális, és a férfiak azért választják, mert *megtestesíti* ezt, nem azért, mert annyira szexinek *néz ki*.

Egy tanfolyami résztvevő, aki sztriptíztáncosként dolgozik, azt mondta, hogy táncolt valakinek, aki fizetés nélkül otthagyta. Manapság a sztriptíztáncosok tolják az energiát a klienseikre, és hajlandóak mindent feladni és mindent megmutatni, ha a kliens elég pénzt ad nekik. Ezt nem így kell csinálni. A férfiakkal incselkedni kell, nem pedig adni nekik.

Az erotikus táncban régen nagy pénzek voltak, de manapság nincs annyi, mert a nők mindent megmutatnak. A férfiak sokat fizetnek azért, amit *lehet, hogy meg fognak kapni*, de azért nem fizetnek, amit *biztosan* megkapnak.

Régen a sztriptíz arról szólt, hogy a nők *látszólag* levették a ruháikat, miközben semmit nem vettek le. A férfiak lélegzetvisszafojtva nézték őket, és várták, hogy lássanak valamit, amit teljes egészében soha nem mutattak meg nekik. Nem a pucérra vetkőzésről szólt, hanem mindig az incselkedésről. Ezek a táncosok mindig úgy néztek ki, mintha a végén mindent odaadnának, de soha nem mentek bele abba, hogy oda is adják.

Tanulj meg energiát húzni

Ha szeretnél együtt lenni egy férfivel, hölgyként csak azt tedd meg, amit te is meg akarsz tenni. Soha ne tedd azt, amit szerinted tenned kell. És ne told az energiát, tanuld meg húzni. Sok ember, amikor egy másikkal szeretne valamit teremteni, vagy amikor lát valakit, akivel szeretne kapcsolódni, vagy amikor valamit akar valakitől, energiát tol. A férfiak például nagyon gyakran tolják a nőkre az energiát. Azt mondja az energiájuk: „Tetszel, közel akarok lenni hozzád, beszélni akarok veled." Az energia áramlása a férfi irányából a nő felé toló, irányító, erőltető.

Amikor valaki energiát tol felénk ilyen módon, legyen szó férfiról vagy nőről, hajlamosak vagyunk korlátokat állítani elé, hogy megállítsuk, vagy megpróbáljunk eltávolodni tőle. Ismerek valakit, aki szó szerint elszaladt egy használtautó kereskedésből, mert az eladó olyan erőszakosan tolta rá az energiát. Az energia tolása nem működik, és általában az ellenkezőjét váltja ki annak, amit szeretnél. Meg kell tanulnod energiát húzni, és a legcsábítóbb csábítóvá válni az örökkévalóságban. Az Access Consciousness Alapozó tanfolyamokon meg tudod tanulni, hogy hogyan kell csinálni, aztán pedig gyakorolni kell. Ha egyszer elsajátítod, nagyon jókat lehet vele szórakozni.

Teremts az öröm kedvéért

Egy hölgy tudja, hogy a sztriptíz, a szex, vagy az, ha valaki halálosan szexi, mind az incselkedésről szól és arról, hogy jól érezze magát. Az örömöt ne hagyd ki semmiből, amit teszel, különösen a szexből ne!

A hölgy tanfolyamunkon két résztvevőt inzultáltam a vicc kedvéért. Egyikük azt mondta: „Kapd be, Gary!"

Azt mondtam neki: „Ha hölgy akarsz lenni, meg kell tanulnod másképpen mondani azt, hogy kapd be. Ahogyan most mondtad, abban erőszak volt és harag. Nem pedig csábítás."

Azt mondta: „Rendben, hadd próbáljam meg újra. Kapd be, Gary. Kapd be."

„Na ez már jobb" - mondtam.

Aztán újra megpróbálta: „Kapd be, Gary!"

„Alakul" – mondtam. „Ha így mondanád ezt az embereknek, többet érnél el vele? Még ki sem kellene mondanod, hogy kapd be. Mondhatnád azt, hogy: „Na elmégy te...", és ugyanezt érnéd el vele.

Egy másik hölgy is közbeszólt: „Kapd be, Gary!" Aztán azt mondta: „Ez mekkora buli!"

Amikor buliból teremtesz, minden lehetségessé válik. Amikor haragból teremtesz, elpusztítasz minden lehetőséget annak javára, amiről azt gondolod, hogy szeretnéd. A harag arra van kitalálva, hogy kontrolláljunk általa másokat. Soha nem arra, hogy teremtsünk valamit.

Válj a manipuláció mesterévé

Ha rálépsz arra az útra, hogy buliból teremts, a manipuláció mesterévé válhatsz. A manipulációnak az a fajtája, amiről én beszélek, nem arról szól, hogy úgy juss hozzá dolgokhoz, hogy kihasználod az embereket. Inkább szuper éber vagy arra, hogy az embereknek mit kell hallaniuk ahhoz, hogy meg tudják hozni azokat a választásaikat, amiket meg kell hozniuk.

Vannak, akik szerint a manipuláció helytelen. Azt mondják: „Én nem akarok másokat manipulálni." Ha nem vagy hajlandó manipulálni, nem vagy hajlandó befogadni. A befogadás az a képesség, hogy bármit és mindent birtokolj, megtegyél, megteremts, és bármiként és mindenként létezz, ami azt jelenti, hogy nincs nézőpontod arról, amit teszel. Egyszerűen azt csinálod, ami ahhoz szükséges, hogy megkapd azokat a dolgokat, amiket birtokolni szeretnél. Egy hölgy mindig hajlandó akként létezni, vagy azt tenni, ami ahhoz kell, hogy megkapja azt, amire vágyik. Ez arról szól, hogy megszabadulj attól, hogy „Mi helyes?" és „Mi helytelen?", és eljuss oda, hogy „Mi lehetséges itt?"

Ha hajlandó vagy manipulálni, akkor nagyszerűbb lehetőséget tudsz teremteni egy adott helyzetben. Ha ellenállsz a manipulálásnak, vagy nem tudod, hogy hogyan csináld, akkor mindennel reakcióba kell menned, ahelyett, hogy képes lennél *cselekedni*.

Mondjuk, hogy együtt vagy valakivel, aki nagyon erősen kritizál. Próbáld meg azzal manipulálni a helyzetet, hogy elmondod neki, mennyire kedves, és hogy őmiatta vagy az, aki. Ez manipuláció. Nem gonoszság. Egyszerűen ez megállítja abban, hogy azt tegye, amihez szerinte joga van.

Mi teremt többet? Ha a manipulációt rossznak ítéljük meg? Vagy ha észrevesszük, hogy elengedhetetlen ahhoz, hogy egy nagyszerűbb lehetőséget teremtsünk?

Egy tanfolyami résztvevő mesélt arról, hogy konfliktusa volt a férjével a gyerekekkel kapcsolatos teendők miatt. „Minden nap korán kell kelnem, mert olyan sok a teendő" – mondta. „El kell készítenem a gyerekeket, hogy iskolába tudjanak menni, nekem pedig készülnöm kell a munkába. A férjem aludni akar, de nekem szükségem van a segítségére a gyerekekkel. Ezen fel szoktam háborodni, és legszívesebben azt mondanám neki: »Te lusta disznó! Kelj fel, de azonnal és segíts! Van más is az életben, mint az alvás.« Hogyan kezelné ezt a helyzetet egy hölgy?"

Azt mondtam neki, hogy egy hölgy meginvitálná őt a reggelre. „Hozz neki egy csésze kávét – mondtam, és csókold szájon négyszer-ötször, míg fel nem ébred. Aztán mondd neki: »Itt a kávéd, szívem. Ne haragudj, hogy felébresztettelek, de olyan sok mindent kell elintézni, hogy nem tudom egyedül megtenni.« Mi teremtene nagyobb lehetőségeket ebben a helyzetben? Ha azt mondod neki, hogy »rohadtul kelj fel«? Vagy az, ha csókokkal és kávéval közelítesz hozzá?"

Bátorítsd a férfit

Egy hölgy arról beszélt, hogy szerette volna, ha a férje úgy viselkedik, mint egy úriember. „Tudom, hogy nem kényszeríthetem, vagy nem tehetek semmit, hogy megváltoztassam" – mondta.

„De bátoríthatod" – válaszoltam. „Valahányszor úgy viselkedik, ahogyan szeretnéd, mondd azt: »Köszönöm, hogy ilyen ajándék vagy az életemben«, és megpróbál majd még inkább ajándék lenni. Ha leszopod a férfit, miután valamit jól csinált, nos, újra meg fogja tenni, hogy újra megtörténjen. Egy férfi azért viselkedik *férfiként*, hogy téged boldoggá tegyen."

Manipulálás kontra uralkodás

Szeretném letisztázni, hogy nem az uralkodásról beszélek. Egy hölgynek soha nem kell uralkodnia, és soha nem uralkodnak felette. A hölgy tere mindig domináns.

Ezt játékkal lehet elérni. Ha nem játszol, minek élsz? A legnagyobb ajándék, hogy van szabad akaratunk, ami azt jelenti, hogy bármivel tudsz játszani. Úgy teszünk, mintha lenne valami baj a játékkal, és azzal, hogy megtegyünk bármit, amit csak akarunk, amikor csak akarjuk, csak mert bulis számunkra.

Egy gyönyörű, szexi hálóing

Az egyik résztvevő arról mesélt, hogy ő este szokott dolgozni, míg a férje délelőtt – ez akadályozta abban, hogy szexinek érezze magát. „Ő mindig korán kel, és amikor este elalszik, én akkor akarok dolgozni" – mondta. „Hogyan tudnám magam ebben a helyzetben szexinek érezni?"

Azt feleltem: „Ne feltételezd, hogy bármi baj van ezzel a helyzettel. Ez egy lehetőség. Kérdezd meg: »Mi lehetséges itt a férjemmel, amit eddig nem vettem számításba?« Lehet, hogy beszerezhetnél egy szexi hálóinget, ami a tested minden részén siklik, és olyan érzés, mintha te lennél a legelegánsabb hölgy a világon. Aztán amikor lefekszel, tudni fogod, hogy gyönyörűen nézel ki."

„Ha egy gyönyörű, szexi hálóingben alszol, a férjed azt fogja gondolni: »Hogyan tudnám ezt levenni róla?« Ráveszed, hogy mindenféle csodás dolgokat tegyen meg neked, mert közelebb akar kerülni hozzád. Egy férfi közelebb akar majd kerülni hozzád, ha úgy működsz, mint aki csábító szeretne lenni. Hajlandónak kell lenned a csábítás elemeként létezni. A szexi hálóingek nagyon csábítóak tudnak lenni. A túlméretezett pólók is nagyon csábítóak tudnak lenni."

Megkapni az ágyban, amit akarsz

Egy hölgy rá tud venni arra egy férfit az ágyban, hogy megadjon neki bármit, amit akar, ameddig csak akarja. Csak annyit kell tennie, hogy azt mondja: „Istenem, ez annyira jó! Csinálnád még egy kicsit? Kérlek, kérlek, kérlek? Ez csodálatos. Hol tanultad ezt, hogy ilyen jó vagy?"

Az utolsó mondatot ne feledjétek, hölgyeim. Jó szolgálatot fog tenni. A legtöbb férfi azt gondolja, hogy meg kell tanulnia, hogy hogyan kell jónak lenni az ágyban, úgyhogy amikor azt kérdezed: „Hol tanultad ezt?" – ez arra utal, hogy jól megtanulta, és hogy jobban csinálja, mint mások.

VÁLASZTÁS, TEREMTÉS ÉS LEHETŐSÉG

Ezt a valóságot a szüleid és a világodban lévő többi ember adta át neked: a tanáraid, rokonaid és barátaid. Ez egy olyan valóság, ami teljes egészében ítéleteken alapul, és egy csomó szilárd, korlátozott építőeleme van, amit valaki odaadott ezeknek az embereknek, ők pedig átadták neked.

Ha olyan vagy, mint a legtöbb ember, akkor azzal töltötted az életedet, hogy megpróbáltál választani ennek a valóságnak a korlátozott étlapjáról: „Te jó vagy. Te rossz vagy. Neked igazad van. Te tévedsz. Ezt megteheted. Ezt nem teheted meg. Ez lehetséges. Ez nem lehetséges, úgyhogy meg se próbáld." Ebben a valóságban semmi sem arról szól, hogy mi lehetséges, amit eddig még fontolóra sem vettél.

Van választásunk az életben. Választhatjuk azt, hogy más emberek valósága szerint élünk, és a korlátozott választék szerint, amit átadtak nekünk, vagy választhatunk valami mást. Választhatjuk azt, hogy a normalitás, következetesség és ítélkezés befalaz bennünket, vagy választhatjuk azt, hogy megteremtjük a saját valóságunkat. Ha ez a valóság nem működik neked, vedd észre, hogy van más lehetőséged.

Ennek a valóságnak a legjobb része

Az egyik tanfolyami résztvevő mesélt egy barátjáról, aki elvégzett néhány Access Consciousness tanfolyamot. Ez a barát azt mondta neki: „Mindent értek. Értem azt az elképzelést, hogy teremtsünk egy valóságot ezen a valóságon túl. Ez egy lenyűgöző elmélet, de engem igazából nem érdekel, hogy túllépjek ezen a valóságon. Én csak ennek a valóságnak a legjobb részeit szeretném. Csak egy jó kapcsolatot és egy családot akarok."

A résztvevő azt szerette volna tudni, hogy a barátja hölgy-e, hiszen magának választott.

„Nos, nem, nem hölgy." Ő egy nő, aki magának választott. Ennek a valóságnak a legjobb részére vágyni nem azonos a hölgyként létezéssel. Ennek a valóságnak a legjobb része pusztán ennek a valóságnak a legjobb része."

Kit szeretnél az életedbe?

Vannak olyan nők, akik azt hiszik, hogy mindenkinek a kedvére kell tenni. Be akarják biztosítani azt, hogy mindenki szereti őket, úgyhogy egyszerűen hozzáigazodnak a másik valóságához. Egy hölgynek nem kell a másik kedvére tenni. Tudja, hogy ez nem arról szól, hogy más emberek hogyan látják a dolgokat. Arról szól, hogy mit lehet létrehozni, és azt is tudja, hogy ahhoz, hogy teremteni tudj, nem kell más emberek kedvére tenni.

Egy hölgy mindig hajlandó megmutatkozni, és másokat is arra ösztönöz, hogy felnőjenek. Ő így létezik a világban. Amikor szánalmas vagy, szánalmas emberek keresik a társaságodat. Amikor valami nagyszerűbbként létezel, a szánalmas emberek nem akarnak többé veled lenni, mert soha nem ösztönözte őket senki arra, hogy felnőjenek.

„A barátságaimban, vagy amikor összefutok emberekkel, úgy látom, hogy csak pletykálkodni akarnak és cseverészni. Nekem ez nem buli. Nem látom, hogy mi ennek az értelme. Halálra untat. Aztán azt mondom magamnak, hogy megítélem ezeket az embereket" – mondta az egyik résztvevő.

Azt feleltem: „A bájcsevej unalmas. Ez nem ítélet, ez éberség. Kilencvenkilenc százaléka a Föld lakosságának unalmas."

Azt kérdezte: „Rendben van, ha nem töltök időt velük?"

Persze! Keress olyan embereket, akikkel buli együtt lenni. Keress olyanokat, akik nagyobb életet választanak. Teljesen rendben van, ha hagyod, hogy a többiek lemorzsolódjanak. Azt kell választanod, akit szeretnél, hogy az életedben legyen. Fel kell tenned a kérdést: „Ki hajlandó az életem része lenni?" Azok az emberek, akikről beszélsz, hajlandóak részei lenni az életednek? Lehet, hogy az a nézőpontod, hogy ha nem vonod be őket, akkor elutasítod – de nem erről van szó. Csak éber vagy.

Ha valaki elvisz vacsorázni, le kell vele feküdnöd? Nem. Ha valaki azt mondja, hogy azt akarja, hogy legyél az élete része, barátkozni kell vele? Nem. Ha valaki meghív egy összejövetelre, és tudod, hogy kicsinyes lesz és unalmas, el kell oda menned? Nem. Ha udvariasan visszautasítod a meghívását és soha többet nem látod őt, az valójában egy jó dolog. Azt kell nézni, hogy te mit akarsz teremteni, nem azt, hogy ők mit akarnak, hogy mit teremts. Ha valakit arra invitálsz, hogy megállítson téged, az nem jelenti azt, hogy belefoglalod őt az életedbe. Mindenkire ébernek kell lenned. Azt kell tenned, ami nagyobb éberséget hoz mindenkinek. Azt is látnod kell, hogy ki az, aki veled tud tartani az úton. Nem tudod oda meghívni az embereket, ahová nem tudnak eljutni.

Mit szeretnél teremteni?

Ez a valóság elég neked? Vagy szeretnél többet teremteni? Ha az utóbbi, akkor ébernek kell lenned arra, hogy mi igaz neked. Tudnod kell, hogy mit szeretnél teremteni. Amikor ezeknek a dolgoknak az éberségéből működsz, valami sokkal nagyszerűbbet tudsz létrehozni, mint amid jelenleg van. Kezdd azzal, hogy felteszed a következő kérdéseket:

- Mi igaz nekem?

- Mi működne nekem valójában?
- Mire vágyom?
- Mi az én valóságom?
- Mit tudok én, amit senki más nem tud a bolygón?
- Mit szeretnék teremteni?
- Ha a magam számára választanék, mit választanék?

A nehézség kihangsúlyozza ennek a valóságnak az elmebaját

Amikor azt látod, hogy ez a valóság korlátok közé zár, beveszed a hazugságokat azzal kapcsolatban, hogy mi lehetséges és mi nem. Beveszel egy hazugságot, aztán azt keresed, hogy mi az igaz ebben a hazugságban, ahelyett, hogy érzékelnéd azt, hogy nehéz. A nehézség, amit érzékelsz, mindig egy figyelmeztető jel. Ezzel ellentétben amikor valami igaz neked, az energia könnyűnek, táplálónak és teresnek érződik. Ha nem igaz neked, az energia kicsavartnak érződik, nehéznek vagy sűrűnek. A nehézség hangsúlyozza ennek a valóságnak az elmebaját. Be kell engedned az éberséget az életedbe, és nem bevenni a hazugságot.

Ennek a valóságnak mennyi hazugságát használod, hogy megteremtsd azt, ami nem működik az életedben?

Egész életünkben azt tanultuk, hogy elhiggyük ennek a valóságnak a hazugságait. Látod ezt? Ahhoz, hogy ezek a hazugságok ne korlátozzanak, hajlandónak kell lenni ébernek lenni és megbízni a tudásodban anélkül, hogy agyalnál a dolgokon. Annyival könnyebb lehetne az életed, ha azt választanád!

Hol nem engedted be az éberséget az életebe?

Következmény és teremtés

Az egyik hazugsága ennek a valóságnak az az elképzelés, hogy minden választásodnak van következménye. Az az elképzelés, hogy lesz következmény (vagy nehézség, vagy utóhatás) minden választásod után. De a következmény nem létezik. Ez egy hazugság, amit arra használnak, hogy irányítsanak. Nincs olyan *következmény*, ami a választásod eredményeképpen jön létre, viszont létrejön egy *teremtés*, amikor meghozol egy választást. Ez azért van, mert a választás mindig teremt. Minden, amit választasz, teremt.

Volt már olyan, hogy azt választottad, hogy lefekszel valakivel, és ez nem azt teremtette, amit akartál? Mert nem voltál hajlandó látni, hogy mit teremt a választásod. Hajlandónak kell lenned arra, hogy lásd a jövőt, ami a választásaid által teremtődik!

A hölgyek és a nők működése a választás és a teremtés tekintetében két külön világ. Egy hölgy az általa választott jövőbe tekint, amit a választásai teremtenek. Tudja, hogy nem *következménye* lesz annak, amit választ, hanem *teremt* vele valamit, és hajlandó erre ébernek lenni. Nem a helyes és helytelen nézőpontjából szemléli a dolgokat, vagy a jó vagy rossz eredmény nézőpontjából, mert tudja, hogy a választás nem eredményt hoz létre. Bármilyen választásról is legyen szó, azt nézi: „Mit fog ez teremteni?"

Egy hölgy tudja, hogy egy választás sok lehetőséget teremt, és a sok lehetőség sok választáshoz vezet. A sok választási lehetőségből sok kérdést tud létrehozni, amelyek további sok választást és lehetőséget és sok valóságot teremtenek. Tudja, hogy választhatja azt, amire vágyik, és aztán választhat újra.

Egy nő úgy választ, hogy azt gondolja, hogy megszerez valamit úgy, ahogyan ő szeretné azt. Egy nő úgy hoz választásokat, hogy azt gondolja, hogy úgy fogja megkapni, amit akar, ahogyan ő akarja. Az eredményre fókuszál. Következtetéseket von le azzal kapcsolatban, hogy mi fog történni a választása eredményeképpen. Aztán keresi a következményeket.

Egy hölgy érzékeli a jövőt, amit minden egyes választásával teremt. Egy nő azt az eredményt ragadja meg, amiről azt gondolja, hogy el fogja érni.

Hajlandó vagy érzékelni, tudni, létezni és befogadni a jövőt, amit teremtesz a választásaiddal?

VÁLTOZÁS, VÁLASZTÁS ÉS LEHETŐSÉG

A legtöbb gyerek elvárja és üdvözli a változást. Az élet normális és izgalmas részének látják. Sok idősebb ember nem akarja, hogy változzanak a dolgok. Azt gondolják, hogy ha valami megváltozik, akkor ők veszíteni fognak. Megpróbálják kezelni a veszteséget még mielőtt elveszítenék azt a dolgot, amiről azt gondolják, hogy el fogják veszíteni. Azt hiszik, hogy ha ezt meg tudják oldani, akkor közel sem fognak annyi mindent elveszíteni.

Rengeteg embernek van olyan nézőpontja, hogy ahhoz, hogy birtokolják azt, amit szeretnének, valamiről le kell mondaniuk. Más szavakkal számukra a változás egyenlő a veszteséggel. A változás nem veszteség, hanem egy ajándék, amit sokan megkapunk, de legtöbben eldobjuk. Emögött az a nézőpont van, hogy valamit el fognak veszíteni, ha változnak. Ez az elképzelés egy olyan helyre zárja őket, ahol megpróbálnak ragaszkodni ahhoz, ami nem működik.

Elfojtják a képességüket a változásra és a kreativitásukat azzal, hogy fix nézőpontokat vesznek fel, és azt gondolják: „Rendben, mindent elrendeztem. Innentől kezdve semmit sem kell megváltoztatnom." Valaki egyszer azt mondta nekem: „Minden változás, amit létrehoztam, hozzáadott az életemhez, de még mindig próbálom elkerülni a változást. Ennek így semmi értelme." Te is ezt csinálod? Eldöntötted és kikövetkeztetted, hogy a változás egyenlő a veszteséggel?

Beszéltem egy tanfolyami résztvevővel, aki azt mondta nekem, hogy legszívesebben állandóan utazna. De mégsem csinálta.

Azt kérdeztem tőle: „Mit gondolsz, mit fogsz elveszíteni, ha utazol?"

„A kapcsolatomat" – felelte.

Azt kérdeztem tőle, hogy inkább feladná-e azt, amire vágyik, mint hogy elveszítse a kapcsolatát. „Inkább pusztítanád el a képességedet a teremtésre, hogy megtarts egy kapcsolatot? Tényleg ez az, amit a párod szeretne?"

„Nem tudom, hogy mit akar" – mondta. Soha nem beszélt neki erről. Meg sem próbálta megtudni, hogy a férfi mit akar. Csak azt figyelte, amit szerinte fel kell adnia, ha létrehozza a változást, amire vágyott.

Kérlek, ne tekintsetek a változásra veszteségként. Egy hölgy soha nem tekinti a változást veszteségnek. Mindig a lehetőségek kiterjesztésének tekinti. Tudja, hogy csak a változás és a másság létezik.

Milyen ítéleteket, hátsó szándékokat, hazugságokat használsz, hogy megteremtsd a nézőpontot, hogy a változás egyenlő a veszteséggel, ahelyett, hogy a lehetőségként tekintenél rá?

„Ha ezt teszem, az valami nagyszerűbbet hoz létre?"

Nem túl régen problémáink akadtak azokkal az emberekkel, akik az Access Consciousness számára könyveltek, és világos volt számomra, hogy változtatnunk kell. Mindenkit ki akartam rúgni, és új könyvelő csapatot létrehozni, de a barátaim azt mondták: „Nem rúghatod ki az egész könyvelő csapatot! Az üzletednek annyi lesz." Én ettől függetlenül mindenkit kirúgtam, és két hét múlva az új csapatunk mindent megcsinált, ahogy azt kell. Most olyan csapatunk van, aki megfelelő módon kezeli a pénzügyeinket.

Gondolod, hogy a változást kontrollálni kell? Vagy bizonyos módon kell végbe mennie? Vagy tudnod kell, hogy mi a célod, mielőtt meg tudsz valamit változtatni? Nem kell! Annyit kell csak tenned, hogy felteszed a kérdést: „Nagyszerűbb lesz, ha megteszem ezt a dolgot? Igen vagy nem?" Ennyi kell csak hozzá.

Csakis te tudod, hogy mi neked a fontos. Csakis te tudod, hogy mi az, amihez nem akarsz ragaszkodni. Az egyik legnagyobb félelme az embereknek, hogy elvesztik az eszüket. Lehet, hogy olyan dolgokat mondanak, mint például: „Azért rettegek, hogy elvesztem az eszemet, mert ha elveszteném az eszemet, nem tudnám, hogy ki vagyok". De valójában, ha elvesztenéd az eszedet, egyszerűen csak újra kellene teremtened magad. Minden pillanatban változnod kellene. Ez az a változás, amit elkerülsz. Arra használod az elmédet, hogy visszatartson a változástól.

Nekem például voltak részvényeim Ausztráliában, amiknek nagyon felment az ára azóta, hogy megvásároltam őket, és elég sok pénzt értek. Beszéltem néhány barátommal arról, hogy ezt a pénzt egy farmba fektessem, és ők azt mondták: „Ne változtass semmin. Sokkal többet kereshetsz, ha ott hagyod a pénzed, ahol most van." Én valami nagyszerűbbet szerettem volna teremteni. Feltettem magamnak a kérdést: „Nagyszerűbbet fog teremteni, ha befektetek ebbe a farmba? Igen vagy nem?" Igent kaptam, és azt mondtam: „Rendben, ennyi." Eladtam a részvényeimet, és Dainnel befektettünk egy farmba, amiben benne van a lehetőség, hogy valami nagyszerűbbet hozzon létre számunkra.

A pillanat, amikor mindent hajlandó vagy elveszíteni, az a pillanat, amikor mindent képes vagy megteremteni.

Túlmenni azon, amit el tudsz képzelni

Ahhoz, hogy hölgy legyél, túl kell menned azon, amit el tudsz képzelni. Egy hölgy tudja, hogy egy választást meghozni nem arról szól, hogy jól vagy rosszul csinálod. Nem a győzelemről vagy a veszteségről szól. A választásról szól. Szóval válassz! Bízz magadban, hogy a változást választod. És tedd fel a kérdést:

- Ez az a változás, amire vágyom, és amit igénylek?
- Mit hoz létre ez a változás?
- Mit ad ez a változás az életemhez?

Mi lenne, ha az az energia lennél, ami teljes változást invitál?

A változás az egyetlen dolog, ami olyan jövőt teremt, amire szükségünk van

Amikor a változás és lehetőség a fejedben vannak – amikor ezek kognitív dolgok – akkor csak eddig tudsz eljutni velük. De amikor gondozod őket, olyan energiává válnak, ami átváltoztat mindenkit, akivel kapcsolatba kerülsz. Hullámhatást hozol létre az univerzumban, ami személyről személyre terjed és teljes könnyedséggel változtatja meg őket. A változás az egyetlen dolog, ami azt a jövőt teremti, amire szükségünk van.

Kevés ember van a Földön, akik hajlandóak a teljes éberségre. Ez egy olyan lehetőség, amire nem hajlandóak. Kerülik a teljes éberséget, és kerülik a hölgyet, akivé válhatnának ezzel a teljes éberséggel. De a lényeg ez: a teljes éberség olyan ajándék, ami a legvadabb álmaidon is túl van.

Milyen energia, térűr és tudatosság lehetsz, ami teljes változást invitál és követel teljes könnyedséggel?

HOZZÁJÁRULÁS LENNI AZ UNIVERZUMNAK

Sok ember szeretne hozzájárulás lenni az univerzumnak, de ezt a vágyat elfedik az ítéletek arról, hogy mi a hozzájárulás és mi nem az. Amikor az emberek elfogadják ezeket az ítéleteket igazságként, botladoznak és elveszítik a magabiztosságukat. Végül aztán jobban érdekli őket az, hogy igazuk legyen, mint a hozzájárulás vágya. A „helyes" választást akarják meghozni, de nem tudják, hogy az mi. Olyanok, mint a saját farkát kergető kutya, körbe-körbe rohannak, és azt kérdezik: „Hová menjek? Mit csináljak? Mit válasszak?"

Mennyi energiát használsz, hogy megteremtsd az igazadat, hogy elkerüld a változást, és soha ne tévedj újra?

Egy hölgy semmi ilyet nem tesz. Arra vágyik, hogy hozzájárulás legyen az univerzumnak. Bízik abban, hogy amikor azt választja, hogy mindent megteremt, amire vágyik, a körülötte lévő embereknek változnia kell – és akkor minden lehetőséggé válik.

Ahhoz, hogy hölgy legyél, túl kell lépni azon, amit el tudsz képzelni. Egy hölgy nem követel vagy vágyakozik – kivéve, amikor változásra kerül a sor. Egyszerűen hajlandó befogadni és elérni dolgokat. Megjelenik és hozzájárulás az univerzumnak, bárhogy nézzen is ki ez a hozzájárulás és bárhogyan jelenjen is meg. Tudja, hogy a választás nem arról szól, hogy jól vagy rosszul csinálja. A választásról szól. Úgyhogy csak válassz! Bízz magadban! Tedd fel a kérdést: „Ez az a változás, amire vágyom és amit kérek?"

Ha megteremtenél mindent, amire vágysz, hány embernek kellene körülötted megváltoznia? Ha hajlandó vagy hozzájárulás lenni az univerzumnak, mindenki meg *tudna* változni és minden lehetőséggé válna.

Mi lenne, ha az az energia lennél,
ami meginvitálja a teljes változást?

RÁÉBREDNI ARRA, AMI LEHETSÉGES

Végsősoron a hölgy ajándéka az, hogy hajlandó mindennel kapcsolatban a teljes éberségre, *abszolút* mindennel kapcsolatban. A teremtés művészete és ajándéka a felébredés mindarra, ami lehetséges – olyasvalami, amit a legtöbb ember soha nem választott.

Ahhoz, hogy befogadd a hölgyként létezés ajándékát, neked kell lenni a Lehetőségek Hölgyének. A hölgyként létezésnek ez a minősége eszébe juttatja az embernek A tó hölgyét, a varázslóasszonyt, aki odaadta Arthur királynak a varázslatos kardot, az Excaliburt. Hölgyként integrálni tudod ebbe a valóságba az úgynevezett lehetetlen dolgokat, de nőként csak azt tudod megcsinálni, amit ez a valóság megenged neked. Egy nő elhiszi, amikor valaki azt mondja neki, hogy bizonyos dolgokra nem képes. Egy hölgy bölcsebb ennél.

Te hölgyként mit szeretnél valójában az életedben? Hajlandónak kell lenned látni, hogy mi lehetséges valójában számodra, nem pedig azt látni, aminek szerinted lehetségesnek kellene vagy nem kellene lennie – és természetesen nem azt, amiről mások mondják, hogy lehetséges vagy nem lehetséges számodra. Ez a benned lévő valóságról szól, ami egy olyan hely, ahol nincsenek referenciapontok. Csak lehetőségek vannak.

A referenciapont egy olyan elképzelés, amit arra használsz, hogy ítélkezz egy bizonyos helyzet felett. Valahányszor van referenciapontod, egy hazugsággal foglalkozol, miközben valahányszor az éberségedben vagy, azt látod, ami van. Amikor a totális éberségben vagy, csak kérdés van és lehetőség, semmilyen referencia nem létezik. Minden a lehetőségek újabb forrása lesz. Hajlandónak kell lenned arra, hogy birtokold ezt az éberséget anélkül, hogy megpróbálnád kiagyalni a dolgokat. Ha választanád, annyival több könnyedséged lehetne.

Lehetőségből teremteni

Amikor hölgyként létezel, látod, hogy mi lehetséges. Látod, hogy mi az, amire szükség van, és hajlandó vagy mindent megtenni, hogy létrehozd azt.

A nők folyamatosan próbálnak dominák lenni – győztesek. Próbálnak a legjobb nő lenni, de ez az elképzelés következtetéseken és ítélkezésen alapul. Az uralkodás arról szól, hogy csatába vonulj. Sosem arról, hogy mik a lehetőségek.

Egy hölgy hajlandó a jövő lehetősége lenni. A jövőt szeretné teremteni – olyan dolgokat létrehozni most, ami lehetőséget teremt mához egy évre, két évre, öt évre, huszonöt évre és ötven évre. Egy nő csak azt hajlandó kontrollálni, ami holnap fog történni. Semminek nem kell jobbá válni a holnaputánnál.

Mi kellene ahhoz, hogy ránézz valamire, és lásd, hogy van nagyszerűbb lehetőség? Mi kellene ahhoz, hogy azt kérdezd: „Mi itt a nagyszerűbb lehetőség?"

Mit tudsz, aminek a tudását teljes mértékben visszautasítod, amit ha valójában tudnál, eltávolítana mindent, ami nem engedi, hogy az a hölgy legyél, aki valójában vagy, és egy olyan jövőt teremts, ami mindig a lehetőségeken alapul?

www.ingramcontent.com/pod-product-compliance
Lightning Source LLC
LaVergne TN
LVHW031711230826
846093LV00022B/510

* 9 7 8 1 6 3 4 9 3 5 3 3 3 *